JN108718

簿記会計的アプローチ

財務会計テキスト

浦崎　直浩・清村　英之
鵜池　幸雄・多賀　寿史　［編著］

仲尾次洋子・徳山　英邦
朱　　愷雯・大城　隼人　［著］

同文舘出版

執筆分担 （執筆順）

仲尾次洋子　　第 1 章，第 15 章

浦崎　直浩　　第 2 章，第 11 章

徳山　英邦　　第 3 章

多賀　寿史　　第 4 章，第 6 章，第 14 章

朱　　愷雯　　第 5 章，第 10 章

清村　英之　　第 7 章，第 8 章

鵜池　幸雄　　第 9 章，第 13 章

大城　隼人　　第 12 章

はしがき

　本書は，簿記原理，簿記論，商業簿記等の科目を履修した学生が，次のステップである財務会計の領域について，体系的に学習することを目的に編集されたものである。

　財務会計は，株式会社の資金調達に関連し，投資家が行う経済的意思決定にとって有用となる会計情報の提供を目的とした外部報告会計の領域である。財務会計の学習にあたっては，経済活動の記録と財務諸表の作成・開示について，複式簿記の原理による記帳，集計，決算整理の手続を踏まえた，取引の認識・測定および評価等の概念の理解とその応用力の習得が重要となる。

　本書は，そのような考え方に立ち，複式簿記の学習を終えた学生が，その知識を活かし，財務会計の学習プロセスでの理解が深まるように次のとおり工夫されている。

①はじめて学ぶ財務会計について，基本概念の説明とともに設例で確認することにより，基本概念の理解と知識の応用ができるようにしている。

②複式簿記の学習（技法）と財務会計の基本概念（理論）を車の両輪のような形で，相互に体系的に身につくように簿記会計的な学習アプローチをとっている。

③図表等の説明を多く取り入れることにより，財務会計の基本概念の意義と概念間の関係についての理解が深まるように努めている。

④グローバル化した経済環境下での会計基準の改正や国際会計基準の動向等も反映し，財務会計の最新の知識の習得ができるようにしている。

⑤学習上の目標として，日商簿記検定 2 級以上その他国家資格等の知識習得を念頭に構成している。

　本書の内容は，目次のとおり 15 章で構成され，大学の 15 回の授業に対応している。財務会計のテキストを執筆する場合，取引の認識・測定に関する収益と費用の把握（期間損益計算）の原理の解説を行い，次に貸借対照表の各論について解説するアプローチと，貸借対照表の各論の解説を通じて，資

産の原価集合，原価配分，評価替に関する期間損益計算の知識の習得を図る
アプローチがあり，本書は後者のアプローチをとっている。

　財務会計のテキストは，企業の経済活動その他会計事象の説明理論として
の会計理論について，工夫を凝らした固有の説明法（学説）を用いると個性
のある解説書となるが，クセが強く利用しづらい教科書となることがある。
反面，会計基準の淡々とした解説は利用しやすいが，教員が会計基準の背景
に関する説明や追加資料を交えて授業展開しなければならないという難点が
ある。紙幅の制約の中で，どのようにバランスをとるかが，財務会計のテキ
ストの評価につながるであろう。

　本書は，上江洲由正・大城建夫編著『財務会計の基礎理論と展開（第2
版）』（同文舘出版，2014年）が模範となっている。本書は，前書の執筆に参
画した研究者に加え新たに3名の研究者が参加し，8名のチームによる研究成
果である。本書の企画にあたっては，筆者の他に鵜池幸雄，清村英之，多賀寿
史の4名による編集委員会を結成し，本書の体系について検討を重ね，執筆者
の研究分野を考慮し最新の知見が習得できるように，各章の担当者に執筆を依
頼し完成したものである。各章の担当者にまずもってお礼を申し上げたい。

　また，本書の発案，企画，編集，原稿の取りまとめと入稿までの煩雑な作
業を清村英之先生にご担当いただいた。本務ご多忙の中多くの時間を割いて
本書の完成に献身的に貢献された同氏に心よりお礼を申し上げたい。さら
に，企画・編集の段階で，鵜池幸雄先生，多賀寿史先生からも貴重なご助言
をいただき，本書の体系と各章の細部の構成が整った。両先生にも心からお
礼の言葉を表するものである。

　末筆となるが，同文舘出版株式会社の青柳裕之氏には，類書の多い中出版
の機会をいただき，この場を借りて衷心よりお礼を申し上げたい。本書が多
数の読者を得て財務会計の学習の一助となることを願ってやまない。

令和5年1月吉日

編集委員会を代表して

浦崎直浩

目　次

第1章　企業会計の意義　　1

第2章　会計基準　　13

第3章　会計基準の国際的統合　　35

第4章　資産の意義と評価　　57

第8章　無形固定資産・繰延資産会計　115

第9章　負債会計　125

第12章　税効果会計

第13章　外貨建取引等会計

凡例一覧

正式名称	略称
商法	商法
会社法	会社法
会社計算規則	計規
金融商品取引法	金商法
財務諸表等の用語，様式及び作成方法に関する規則	財規
連結財務諸表の用語，様式及び作成方法に関する規則	連結財規
企業会計原則	原則
企業会計原則注解	注解
企業会計原則と関係諸法令との調整に関する連続意見書	連続意見書
外貨建取引等会計処理基準	外貨基準
連結キャッシュ・フロー計算書等の作成基準	連結 CF 基準
研究開発費等に係る会計基準	研究開発費基準
税効果会計に係る会計基準	税効果基準
固定資産の減損に係る会計基準	減損基準
自己株式及び準備金の額の減少等に関する会計基準	自己株式等基準
株主資本等変動計算書に関する会計基準	変動計算書基準
ストック・オプション等に関する会計基準	ストック・オプション等基準
棚卸資産の評価に関する会計基準	棚卸資産基準
金融商品に関する会計基準	金融商品基準
リース取引に関する会計基準	リース基準
持分法に関する会計基準	持分法基準
セグメント情報等の開示に関する会計基準	セグメント基準
資産除去債務に関する会計基準	資産除去基準
企業結合に関する会計基準	企業結合基準
連結財務諸表に関する会計基準	連結基準
会計方針の開示，会計上の変更及び誤謬の訂正に関する会計基準	会計方針等基準
包括利益の表示に関する会計基準	包括利益基準
収益認識に関する会計基準	収益認識基準
時価の算定に関する会計基準	時価算定基準
繰延資産の会計処理に関する当面の取扱い	当面の取扱い
減価償却資産の耐用年数等に関する省令	耐省
中小企業の会計に関する指針	中小会計指針
中小企業の会計に関する基本要領	中小会計要領

※上記の会計基準などに注解がある場合は「○○注解」，実務指針がある場合は「○○実務指針」，適用指針がある場合は「○○適用指針」と記載している。

略語一覧

ASBJ	Accounting Standards Board of Japan	企業会計基準委員会
CESR	Committee of European Securities Regulation	欧州証券規制当局委員会
CSR	Corporate Social Responsibility	企業の社会的責任
ESG	Environment・Social・Governance	環境・社会・ガバナンス
FASB	Financial Accounting Standards Board	（米国）財務会計基準審議会
GAAP	Generally Accepted Accounting Principles	一般に認められた会計原則
IAS	International Accounting Standards	国際会計基準
IASB	International Accounting Standards Board	国際会計基準審議会
IASC	International Accounting Standards Committee	国際会計基準委員会
IFRS	International Financial Reporting Standards	国際財務報告基準
IFRS 財団	International Financial Reporting Standard Foundation	国際財務報告基準財団
IOSCO	International Organization of Securities Commissions	証券監督者国際機構
JMIS	Japanese Modified International Standards	修正国際基準
SDGs	Sustainable Development Goals	持続可能な開発目標
SEC	Securities and Exchange Commission	米国証券取引委員会
SFAC	Statement of Financial Accounting Concepts	財務会計概念報告書
SRI	Socially Responsible Investment	社会的責任投資

財務会計テキスト

― 簿記会計的アプローチ ―

第1章

企業会計の意義

第1節　企業会計の意義

　会計とは，さまざまな主体の活動を一定の方法で，記録・計算・整理し，報告する手続である。会計は，対象の相違によって，営利会計と非営利会計に区別される。**営利会計**は，利益の追求を目的とする企業に適用される会計である。これに対して，**非営利会計**は，利益の追求を目的としない非営利組織に適用される会計で，家計，公会計，学校法人会計および公益法人会計などがある。一般的に，企業会計とは営利会計を指している。

　企業会計とは，企業の一定期間の経営成績を貨幣単位で認識・測定し，測定結果を貸借対照表や損益計算書などの財務諸表に要約し，それを利害関係者に報告するシステムである。このことは，**図表1-1**のように図示できる。

　企業会計によって認識・測定された会計情報は利害関係者に報告されるが，会計情報の利用者が企業の外部者か内部者かによって，財務会計と管理会計とに区別される。

　財務会計とは，株主，債権者，投資家などの企業の経営に直接にはかかわらない企業外部の利害関係者に対して報告を行う会計であり，外部報告会計とも呼ばれている。本書は財務会計を取り扱っている。財務会計は，利害関

図表1-1　企業会計の構図

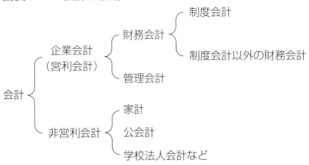

図表 1-2　会計の領域

係者間の利害を調整する利害調整機能，あるいは利害関係者のさまざまな意思決定に有用な情報を提供する情報提供機能を果たすため，一定の社会的ルール，すなわち，法的規制等の下で行われる。このように法的規制の下で行われる財務会計を特に**制度会計**と呼ぶ。

　これに対して，**管理会計**とは，企業内部の経営管理者に対して，原価管理，利益計画および予算統制などに役立つ会計情報を提供することを目的とする会計であり，内部報告会計とも呼ばれている。管理会計は経営管理者の戦略的あるいは戦術的意志決定に有用な情報を提供するため，一定の社会的ルールは必要とされない。したがって，管理会計の下では，経営管理者の合理的な意思決定に有用な情報はすべて提供される。

　以上に基づき，会計の領域は**図表 1-2**のように図示できる。

第2節　財務会計の社会的役割

1　株式会社と証券市場

　株式会社を設立する場合，設立資金は，創業者，親族および知人等による出資や金融機関からの借入れにより調達される。営業開始後，事業が成功し，事業規模を拡大する場合には，営業活動で得られた利益の再投資や金融機関からの追加借入れが行われる。さらに，株式会社として大規模な資金調達を行う手段として，株式の公開・上場と社債の発行がある。

　株式の公開とは，自社の発行する株式を自由に譲渡できるようにすることである。一方，社債とは，企業が投資家からの資金の借入れに対して発行する債券であり，返済期限（償還期間）内は利息を支払うとともに，返済期限が到来すると，債券額が返済される。

　公開された株式や発行された社債を不特定多数の投資家が売買し，大規模な資金調達を可能とするために重要な役割を担っているのが証券市場である。証券市場には，会社が新しい事業などに必要な資金を集めるときに株式を発行（増資）する発行市場と，すでに発行された株式が取引される流通市場がある。この流通市場で重要な役割を果たしているのが証券取引所である。証券取引所の最も大きい役割は，一定のルールに従って多くの注文（需給）を一ヶ所に集中させることにより，投資家がいつでも安心して取引できる流通市場を開くことにある。また，多くのさまざまな投資判断と需給を反映して形成された価格を，公正な価格として広く速やかに公表することも重要な役割のひとつである。このように証券取引所は，証券の公正な価格の形成と円滑な流通を図るという，市場経済の重要な金融機能を担う公共的性格の強い機関である。

2　利害調整機能

　財務会計は，株主や債権者などといった企業の利害関係者間で生じる利益をめぐる対立を，会計計算や会計報告を通して調整するという，**利害調整機能**を有している。利害調整機能は，債権者と株主間，現在株主と将来株主間および株主と経営者間において果たされる。

（1）債権者と株主間の利害調整

　株式会社は不特定多数の株主に出資を募り，あるいは金融機関などの債権者から資金を借り入れ，調達した資金を用いて経営活動を展開し，獲得した利益を株主に分配する組織である。株主，債権者ともに株式会社への資金提供者という点では共通する。しかしながら，株主には株主自身の利益を守るために，自益権や共益権が認められているのに対して，債権者にはこのよう

な権利は認められていない。**自益権**とは，剰余金配当請求，残余財産分配請求および株式買取請求ができる権利のことであり，**共益権**とは，株主総会での議決権の行使を通して会社経営に参画することのできる権利のことである。さらに，株主有限責任の原則の下に，株主は株式会社の債務に対しては自己の出資額の範囲内でしか財務的責任を負わず，これ以外に何ら義務は負わない。

このように，株主と債権者の間には，自らの利益を守るために与えられている法的権利に不均衡がみられる。そこで，株主と債権者の利害の調整あるいは債権者を保護するための手段を講じることが求められてくる。株主の責任が有限である株式会社では，会社の借入金や社債などの債務は会社財産から支払われるため，債権者の債権を担保するのは会社財産のみとなる。そこで，会社財産の不当な社外流失を防ぐためには，配当はあくまで企業が現実に獲得した利益である純資産増加額を限度として行うことが不可欠となる。そのため，企業会計上は信頼できる利益の算定，すなわち，資産の過大評価や負債の過小計上などによる利益の過大計上を排除することが，株主と債権者の利害の調整および債権者の保護につながることになる。

また，会社法は，株主と債権者の利害の調整や債権者の保護を図るため，分配可能額の計算に規制を加え，それを超えて会社財産を株主に払い戻すことを禁止することにより（会社法461条），会社財産に対する債権担保力を保全しようとしている。

株主の財務的責任が有限となっている株式会社では，上述のように，会社財産の確保が重視されているため，出資金の払い戻しを行うことは原則認められない。そこで，株主に出資金の払い戻し以外の方法で投下資金の回収を保証するために，会社法は，株主に株式を自由に譲渡できる権利を認めている（会社法127条）。これを**株式譲渡自由の原則**という。

(2) 現在と将来の株主間の利害調整

株式の自由な譲渡が認められているということは，会社にとって，株主の入れ替わりが頻繁に生ずるということでもある。したがって，現在の株主と

将来の株主の間の利害が対立する可能性が出てくる。例えば，決算におい
て，資産を過大に評価し利益を過大に計上した場合，この利益は当該会計年
度の株主に帰属し，その株主は本来受け取るべきであった配当金よりも多く
の配当金を受け取ることになる。一方，当該会計年度に利益が過大に計上さ
れた分だけ，次年度以降の利益が過少に計上され，次年度以降の株主には，
当然受け取るべきである配当金よりも少ない配当金しか支払われないことに
なる。

　そこで，現在株主および将来株主が利益に対して有する帰属関係を適切な
ものにするために，企業会計上，**適正な利益計算**を行うことが求められてく
る。適正な利益計算は，株主と債権者の利害の調整および現在株主と将来株
主の利害の調整という意味で，十分に社会的意義を有する。また，このよう
な利害調整機能は，会計報告ではなく，利益計算を中心とした会計計算を通
じて行われるところに，その大きな特徴がある。

(3) 受託会計責任 (株主と経営者の利害調整)

　株式会社は規模の拡大により，資本と経営が分離し，株主は出資金の管
理・運用を任せる委託者となり，経営者は株主の利益を最大化するために，
その資金を管理・運用する受託者となるのである。このような委託・受託の
関係を**エイジェンシー関係**といい，経営者は株主から委託を受けた出資金を
誠実に管理・運用する責任を負う。この責任を受託責任というが，経営者が
株主の利益を犠牲に自己の利益の増大を図り，受託責任を誠実に遂行しない
ということも考えられる。そこで，エイジェンシー関係の成立に起因する利
害の対立を調整するために制度的な手段を講じる必要があり，その役割を担
っているのが会計責任である。

　会計責任とは，他人から資金の管理・運用の委託を受けた者が，その管
理・運用の結果やその原因を，会計報告を通して明らかにする責任のことで
ある。経営者は自らの行動が開示されることになり，株主の利益を犠牲にす
るような経営者行動をとることが抑制されることになる。このように，株主
と経営者の利害を調整する利害調整機能は，会計報告を通して行われるとこ

ろに，その大きな特徴がある。

3　情報提供機能

　企業は，株主，債権者，社債権者，取引先，消費者，地域住民，潜在的投資家，課税当局および監督官庁などのさまざまな利害関係者とのかかわりをもちながら経営活動を行っている。これらの利害関係者の意思決定に役立つ会計情報を提供するという機能が，財務会計の**情報提供機能**である。

　情報提供機能の役割は，利害関係者に会計情報を提供し，会計情報に基づき適切な意思決定を下すことによって，利害関係者に自らの利益を守ってもらうことにある。したがって，利害関係者が自らの利益を守れるかどうかは，提供される会計情報が，かれらの**意思決定モデル**に有用であるかどうかにかかっている。そこで，財務会計の情報提供機能がその本来の役割を果たすためには，多様な利害関係者の意思決定モデルを特定しておくことが必要となる。しかしながら，企業を取り巻く多用な利害関係者の意思決定モデルを，それぞれ特定しておくことは極めて困難である。とはいえ，利害関係者の意思決定モデルを推定し，そのモデルの下で会計情報を提供することも，かれらの意思決定を誤ったものにしてしまう危険性が高い。したがって，財務会計が情報提供を展開するにあたっては，意思決定モデルが特定できる利害関係者を措定し，このような利害関係者に有用な会計情報が提供されることになる。現実的には，株主，債権者，社債権者および潜在的投資家の意思決定モデルが容易に特定できるため，かれらの意思決定に有用な会計情報の提供という形で，財務会計の情報提供機能が遂行される。

　ところで，以前は，経営活動に必要な資金の大半は金融機関などからの借入れ，すなわち，**間接金融**により調達されていたが，今日では，証券市場の発達により，株式や社債の発行を通じて，**直接金融**として証券市場から調達されるようになってきている。このような企業の資金調達方法の変化を背景に，近年では，証券投資に関する意思決定の観点からの情報提供機能が，特に重視されてきている。

　また，会計情報に基づく意思決定の結果は，新規の投資または投資の引き

上げによって企業への資源配分を左右し，その結果として経済社会全体の資源配分に大きな影響を及ぼすことになる。したがって，情報提供機能の遂行は，投資家などの利害関係者の保護にとどまらず，証券の売買を媒介として，経済社会の効率的な資源配分を促進するという大きな社会的意義を有しているのである。

第3節　制度会計

　第1節の**図表1-2**で示したように，財務会計は法的規制が課される制度会計と，それ以外の会計とに分けられた。制度会計は，規制を課している法律の違いにより，会社法会計，金融商品取引法会計および法人税法会計の3つに分類される。

1　会社法会計

　会社法は，第2節で述べたように，自益権，共益権および株主有限責任の原則等による株主と債権者の利害対立の調整および債権者の保護を目的としている。そのため，会社法は会社財産の不当な社外流出を防ぐために，資産および負債の評価を中心とした計算規則を定め，「分配可能額」の計算を規制している。

　会社法での会計に関する具体的規定は，第二編第五章「計算等」と題された431条から465条に制定されている。そこでは，会計帳簿の作成，計算書類等の作成，資本金の額および準備金の額，剰余金の額および剰余金の配当などが規定されている。なお，計算書類とは貸借対照表や損益計算書などの会社法上の会計書類のことである。

　会社法における会計部分の基幹をなすものとして，会社法の規定により委任された会社の計算に関する事項を定めた会社計算規則が制定されている。この規則は，会計処理基準と表示基準の2つの役割を担っており，会計処理に関しては，資産・負債の評価およびのれんの計上などが規定され，表示に関しては，計算書類や連結計算書類の作成や記載方法に関して規定されてい

る。

　このように，会社法および会社計算規則の下で行われる会計を，**会社法会計**という。会社法は，個人事業に近い零細な株式会社から，グローバルに経営活動を展開する大企業までが適用対象となる。したがって，会計処理・表示の詳細な規定を会社法および会社計算規則に設けることは困難である。そこで，会社法 431 条で，「株式会社の会計は，一般に公正妥当と認められる企業会計の慣行に従うものとする」と規定している。また，会社計算規則第3 条で，「この省令の用語の解釈及び規定の適用に関しては，一般に公正妥当と認められる企業会計の基準その他の企業会計の慣行をしん酌しなければならない」と規定している。後述する金融商品取引法会計における企業会計原則や諸会計基準が，一般に公正妥当と認められる企業会計の慣行を代表するものである。

　会社法会計の規定に基づき作成される計算書類は，次のようなものである（会社法 435 条 2 項，計規 59 条 1 項）。
　①貸借対照表
　②損益計算書
　③株主資本等変動計算書
　④個別注記表

　また，大会社で有価証券報告書を提出する義務がある会社は，連結財務諸表の作成が義務付けられており，それらの計算書類は，次のようなものである（同 444 条 3 項，同 61 条 1 項）。
　①連結貸借対照表
　②連結損益計算書
　③連結株主資本等変動計算書
　④連結注記表

2　金融商品取引法会計

　金融商品取引法は，利用者保護ルールの徹底と利用者利便の向上および金融・資本市場の国際化への対応等を目指し，これまでの証券取引法やその関

連法規が統合・改編され，2006年に成立した法律である。証券取引法はその第1条で，「企業内容等の開示の制度を整備するとともに，金融商品取引業を行う者に関し必要な事項を定め，金融商品取引所の適切な運営を確保すること等により，有価証券の発行及び金融商品等の取引等を公正にし，有価証券の流通を円滑にするほか，資本市場の機能の十全な発揮による金融商品等の公正な価格形成等を図り，もつて国民経済の健全な発展及び投資者の保護に資することを目的とする」と述べている。このように，金融商品取引法は，国民経済の健全な発展と投資者の保護を目的とし，これを達成するために，主に次の項目に関する規定を定めている。

①企業内容等の開示制度の整備

②金融商品取引業を行う者に関し必要な事項

③金融商品取引所の適切な運営の確保

したがって，金融商品取引法は投資家の保護を目的としており，金融商品取引法の規制を受けている会計を，**金融商品取引法会計**という。

金融商品取引法の適用対象となる会社は，証券発行市場で1億円以上の有価証券の募集または売り出しを行う会社および上場企業などである。

金融商品取引法において，財務諸表の用語，様式および作成方法等は，「財務諸表等の用語，様式及び作成方法に関する規則」（財規）によって定められている。財規において作成が求められる財務諸表は，個別企業の次のようなものである（財規1条1項）。

①貸借対照表

②損益計算書

③株主資本等変動計算書

④キャッシュ・フロー計算書

⑤付属明細表

また，企業集団を形成して経営活動を営んでいる場合には，「連結財務諸表の用語，様式及び作成方法に関する規則」（連結財規）により，次の計算書の作成が求められている（連結財規1条1項）。

①連結貸借対照表

②連結損益計算書

③連結包括利益計算書

④連結株主資本等変動計算書

⑤連結キャッシュ・フロー計算書

⑥連結付属明細表

　また，上場企業に対しては，投資家へのタイムリーな情報開示を目的とした四半期報告書が義務付けられてきた。しかしながら，2022 年現在，情報開示の負担軽減や短期的利益を追求する経営を助長するとして，四半期報告書の廃止が検討されている。

　このように，金融商品取引法会計における財務諸表の用語，様式および作成方法は財規および連結財規によって規定されているが，これらの規則において定めのない事項については，一般に公正妥当と認められる企業会計の基準に従うものとされている（財規 1 条 1 項）。一般に公正妥当と認められる企業会計の基準とは，企業会計原則や企業会計基準委員会の公表する会計基準などを指している。これらの会計基準の詳細については，第 2 章で説明している。

3　法人税法会計

　法人税法会計とは，企業の課税所得を計算するための会計である。課税所得は法人税法に基づき計算される。法人税法第 74 条 1 項では，「内国法人は，各事業年度終了の日から 2 ヶ月以内に，税務署長に対し，確定した決算に基づき確定申告書を提出しなければならない」と規定している。課税所得は，会社法会計に基づき，株主総会で承認または報告された当期純利益を基礎に計算されなければならないということである。会社法会計の純利益から誘導的に課税所得を計算するとする考えを**確定決算主義**という。

　課税所得計算の基礎となる企業会計上の純利益は，「純利益＝収益－費用」という計算式で求められる。これに対して，法人税法上の課税所得は，「課税所得＝益金－損金」という計算式で求められる。そこで，収益＝益金，費用＝損金という関係が成立すれば，純利益＝課税所得という関係も成立し，

図表1-3　課税所得の計算

損益計算書上の税引前当期純利益	300
＋加算項目	70
－減算項目	△20
課税所得	350

企業会計と法人税法会計との間に問題は生じない。しかしながら，企業会計の目的と法人税法の目的との相違を起因として，収益と益金，費用と損金との間には差異が生じることとなる。

　例えば，受取配当金は企業会計では収益として計上されるが，法人税法上は益金に参入されない。配当金は支払った企業において法人税が課税された後の利益の分配であるため，受け取った企業の配当金に再度課税すると二重課税となるからである。また，得意先の接待などの費用からなる交際費は，事業遂行にあたり必要な費用であるとして，企業会計では費用計上される。これに対して，法人税法は，乱費・冗費を抑制するために，会社の資本金の額に基づき，交際費の全部または一部を損金として認めていない。課税所得の計算は図表1-3のように図示できる。

4　ディスクロージャーの拡大

　近年，会社法や金融商品取引法で開示が義務付けられている計算書類や有価証券報告書などの財務情報以外に，非財務情報の開示を求める動きが強まっている。非財務情報の例として，環境報告書，CSR（Corporate Social Responsibility）報告書および統合報告書が挙げられる。

　非財務情報の開示が求められる背景には，財務情報だけでは投資家以外の多様な利害関係者からの評価が得られなくなってきたこと，企業を取り巻く環境変化のスピードが増したため，財務情報だけでは企業が将来にわたって継続的に収益を上げられるかの判断が難しくなってきたことが挙げられる。

　非財務情報の開示は，1980年代に企業が環境問題に対する責任を問われ始めたことにより環境報告書が開示されるようになったことに端を発してい

る。つづいて，環境問題だけでなく，社会問題についても注目され始め，こ
れらの問題に対する企業の社会的責任（CSR）が重要視されるようになり，
CSR 報告書の開示へと展開した。

　その後，2000 年代から，財務情報に加え，CSR を積極的に果たしている
かどうかを投資基準にして投資行動をとる社会的責任投資（Socially
Responsible Investment：SRI）の動きが始まった。2010 年代以降には，世界
的に環境，社会およびガバナンスを重視する ESG（Environment・Social・
Governance）投資が拡大し，新たに統合報告書が開示されるようになった。
統合報告書とは，財務情報と，環境報告書や CSR 報告書で開示される ESG
情報を統合して報告する報告書である。統合報告書は，主に投資家を対象と
して，企業が長期的な価値をいかにして創造していくかを開示したものであ
る。

　このように，1980 年代から，制度会計外で環境問題，企業の社会的責任
およびガバナンスにかかわるディスクロージャーの拡大が実施されてきた
が，国連で採択された，持続可能な開発目標（Sustainable Development
Goals：SDGs）の達成等を背景に，サステナビリティ情報の有価証券報告書
への記載を義務付ける動きが活発になっている。具体的な記載内容として，
ガバナンスとリスク管理，戦略と目標，人的資本および多様性が想定されて
いる。

　国際的な動向としても，**国際財務報告基準**（International Financial Reporting
Standards：IFRS）の設定主体である IFRS 財団が国際サステナビリティ基準
審議会を立ち上げ，グローバルなサステナビリティ情報の開示基準を設定す
る方針を公表している。

第2章

会計基準

第1節　会計基準と概念フレームワークの意義

　会計行為は，企業の経済活動を一定の認識・測定ルールを用いて財務諸表に写像する営みである。経営者は，**ステークホルダー**（株主，銀行，従業員，仕入先，得意先，国・地方公共団体等の利害関係者）に対する信頼を築き，それに基づいた取引関係を維持するために，社会的に許容された合理的な認識・測定ルールを用いて財務諸表を作成・公表する。そのような観点から会計行為を方向付けるものが「一般に公正妥当と認められる企業会計の慣行」（会社法431条）である。一般に公正妥当と認められる企業会計の慣行を構成するものが，経済活動の認識・測定ルールとしての**企業会計原則**や**企業会計基準**である。

　日本では，1949年に設定された企業会計原則が，企業会計における期間損益計算のルールとして，その役割を果たしてきた。企業会計原則は，企業会計の遂行に際して従わなければならない**準拠枠**であり，企業会計原則に準拠した会計実務は一定の程度で共通性を有し，その結果として作成される財務諸表には同質性と**比較可能性**が付与されることになる。企業会計原則は，**取得原価主義会計**という会計理論として構成されているものであるが，時代の推移や経済環境の変化により企業会計原則では適切に処理できない取引（リース契約の認識，売買目的有価証券・金融派生商品の時価評価等）が生まれるなど，会計実務の準拠枠としての妥当性が問題とされるようになってきた。

　とりわけ，1973年の変動相場制移行を契機として1980年代以降に大きく進展した金融の自由化・経済のグローバル化により，会計基準を策定すると

きの理論的な準拠枠の開発が各国の基準設定機関の重要な課題であった。その準拠枠を**財務会計の概念フレームワーク**と呼んでおり，米国では 1978 年から概念フレームワークの公表が進められ，それが加・豪等の英語圏の国々に波及していった。概念フレームワークは，企業会計の基礎にある前提や概念を体系化したものであり，それによって会計基準に対する理解が深まり，財務諸表の利用者が会計基準を解釈するときの無用のコストが生じることを避けるという効果も期待できる。

　財務会計の概念フレームワークは，財務報告を取り巻く現在の制約要因を反映している。制約要因とは，市場慣行，投資家の情報分析能力，法の体系やそれを支える基本的な考え方，基準設定の経済的影響に関連する社会的な価値判断を指している。今日では，それらの制約要因は均質化が進んでおり，各国の違いは解消されつつある。その傾向が顕著な領域は，ビジネス環境であり，財・サービス，マネー，人材などの国際的な移動に対する障壁が取り払われ，共通のルールに基づく自由な取引が実現されつつある。その一環で，会計基準についても国際的な統一化が進められている。

　日本では**企業会計基準委員会**が，2006 年に**討議資料「財務会計の概念フレームワーク」**を公表している。それは，以下のように 4 つの章で構成されている。その構成は，米国をはじめ諸外国の概念フレームワークにおいても同様の構成となっている。

　第 1 章　財務報告の目的
　第 2 章　会計情報の質的特性
　第 3 章　財務諸表の構成要素
　第 4 章　財務諸表における認識と測定

　概念フレームワークでは，財務報告の目的がはじめに措定され，この目的を満たす財務情報にはどのような属性が必要であるかの条件（質的特性）が提示される。次に，財務諸表を構成する諸要素とその定義について明らかにするとともに，それらの構成要素の認識・測定に関する問題が検討される。ここで，留意しなければならないことは，概念フレームワークが想定している制度は「証券市場におけるディスクロージャー制度」であり，公開企業を

中心とする証券市場への情報開示が前提となっている。また，概念フレームワークは，個別の会計基準の設定や改廃にあたり考慮すべき前提や基礎概念であるが，あくまでも基本的な指針を提示することに役割がある。

第2節　会計慣行，会計公準，企業会計原則

1　一般に公正妥当と認められる会計慣行

　営利を目的とする個人事業主や株式会社等の法人が，一定期間の利益を計算するための抽象的な準拠枠を会計慣行と呼んでいる。個人事業主が対象となる商法では会計慣行は「**一般に公正妥当と認められる会計の慣行**」（商法 19条）といい，営業のために使用する財産について，法務省令で定めるところにより，適時に，正確な商業帳簿（会計帳簿および貸借対照表）を作成しなければならないとされている。

　また，株式会社については，**会社法**において，株式会社の会計は「**一般に公正妥当と認められる企業会計の慣行に従うものとする**」（会社法 431 条）とされ，法務省令で定めるところにより，適時に，正確な会計帳簿を作成することが義務付けられている。さらに，法務省令である**会社計算規則**（以下，計規）によれば，当該省令の用語の解釈ならびに規定の適用に関しては，「**一般に公正妥当と認められる企業会計の基準その他の企業会計の慣行をしん酌しなければならない**」（計規 3 条）と規定されている。

　会社法の規定は株式非公開の閉鎖会社（中小会社）と公開会社の双方に適用されるが，公開会社（上場企業）に対しては会社法のみならず**金融商品取引法**（以下，金商法）がさらに適用される。金商法では，当該法律によって提出される貸借対照表，損益計算書その他の財務計算に関する書類（財務諸表）は「**一般に公正妥当であると認められるところ**」（金商法 193 条）に従って内閣府令で定める「**用語，様式及び作成方法**」に基づき作成することが規定されている。

　「財務諸表等の用語，様式及び作成方法に関する規則」（以下，財規）では，財務諸表（貸借対照表，損益計算書，株主資本等変動計算書，キャッシ

ュ・フロー計算書）の「用語，様式及び作成方法」は，この規則に定めのない事項については「一般に公正妥当と認められる企業会計の基準に従うものとする」とされている（財規 1 条）。

　また，一般に公正妥当と認められる企業会計の基準に該当するものとして次の基準等が示されている（財規 1 条）。

　①企業会計審議会により公表された企業会計の基準（財規 1 条 2）

　②企業会計の基準についての調査研究と作成を業として行う団体（著者注，「企業会計基準委員会」のこと）が作成公表した企業会計の基準のうち，一般に公正妥当な企業会計の基準として認められることが見込まれるものとして金融庁長官が定めるもの（財規 1 条 3）

　③金融庁長官が，法の規定により提出される財務諸表に関する特定の事項について，その作成方法の基準として特に公表したものがある場合には，当該基準は，この規則の規定に準ずるものとして，一般に公正妥当と認められる企業会計の基準に優先して適用されること（財規 1 条 4）。

　以上，金商法において定められている会計基準は，**企業会計審議会**ならびに企業会計基準委員会が公表したものであることが理解できる。前者の会計基準に該当するものは**図表 2−1**のとおりである。

　日本の会計基準は，企業会計原則を嚆矢として，企業会計審議会により制定されてきた。しかし，国際的調和の観点から，海外諸国の民間団体による会計基準設定の動向を受けて，2001 年に設立された**財団法人財務会計基準機構**内の企業会計基準委員会が会計基準の設定の役割を担い，旧基準の改正と新基準の設定が行われている。ここで，一般に公正妥当と認められる会計慣行に関する法令上の表現をまとめたものが**図表 2−2**である。本章では，それらの異なる会計慣行の表現を総称して「一般に公正妥当と認められる会計慣行」と表記していることに留意いただきたい。なお，米国における一般に公正妥当と認められる会計慣行は，「**一般に認められた会計原則**（Generally Accepted Accounting Principles：GAAP）」と呼ばれている。それに倣い日本の会計慣行を JGAAP と，そして米国のそれを USGAAP と表記することがある。

図表2-1　企業会計審議会公表の企業会計原則・会計基準の一覧

原則・基準等の名称	公表年・最終改正年
企業会計原則・同注解	1949年・1982年
原価計算基準	1962年
連結財務諸表原則	1975年・1997年
外貨建取引等会計処理基準	1979年・1995年
リース取引に係る会計基準	1993年
セグメント情報の開示基準	1988年
連結キャッシュ・フロー計算書等の作成基準	1998年
中間連結財務諸表等の作成基準	1998年
退職給付に係る会計基準	1998年
税効果会計に係る会計基準	1998年
研究開発費等に係る会計基準	1998年
金融商品に係る会計基準	1999年・2006年
固定資産の減損に係る会計基準	2002年
企業結合に係る会計基準	2003年

図表2-2　会計慣行の法令上の表現

法令	表現
商法	一般に公正妥当と認められる会計の慣行
会社法	一般に公正妥当と認められる企業会計の慣行
会社計算規則	一般に公正妥当と認められる企業会計の基準その他の企業会計の慣行
金融商品取引法	一般に公正妥当であると認められるところ
財務諸表等規則*	一般に公正妥当と認められる企業会計の基準

*「財務諸表等の用語，様式及び作成方法に関する規則」を本表では財務諸表等規則と略記している。また，「連結財務諸表の用語，様式及び作成方法に関する規則」においても同様の表現が第1条に規定されている。

2　会計公準

　会計公準とは，一般に公正妥当と認められる会計慣行を観察し，会計制度が成立するための基本的要件を抽出したものである。日本では会計理論としての企業会計原則を解釈するための前提として会計公準に関する議論が展開され，会計公準として何を措定するかについて種々の考え方が提示されてきた。会計公準は会計基準や法令の条文において明示されているものではない

が，会計教科書や研究論文において，多くの場合，①企業実体の公準，②継続企業の公準，③貨幣的評価の公準の3公準が重要なものとして説明されている。それらの公準が会計の基礎構造を形づくり，その基礎構造を土台として会計原則・会計基準・会計処理方法・手続が体系的に構築されているという理解に立っている。以下では，株式会社だけではなく個人事業主を含めた説明となるので会社という用語に代えて企業を用いている。

（1）企業実体の公準

　企業実体の公準は，「会計は出資者を会計単位（**資本主理論**）として行うのではなく，出資者から独立した企業単位（**企業主体理論**）で行わなければならない。」ということを要請する公準である。企業実体の公準が必要となるのは，会計を行うにあたっては，会計が行われる単位を特定し，会計の対象となる範囲を限定しなければならないからである。したがって，企業実体の公準では，会計を行うにあたり会計単位を形式的に特定することを要請する形式的技術的概念が一般的に受け入れられることによって，出資者の資産や負債ではなく，企業それ自体の資産，負債，資本（純資産）の増減変動を測定するための会計，すなわち企業会計がその成立をみるのである。

　企業の経済活動は，まずもって，個別企業ごとに行われるので企業実体も企業ごとに特定されるのが一般的である。しかし，企業によっては子会社を傘下におさめ，企業集団として経済活動を展開している企業もありこの場合には企業集団が企業実体，すなわち会計単位として認識されて企業集団の**連結財務諸表**が作成される。

　企業実体は，上記のように個別企業の外部にその範囲を広げて形成されることもあるが，個別企業の内部で細分化されて認識される場合もある。企業が事業部のようないくつかの部門から構成されている場合，部門ごとの業績評価の必要性から，それぞれの部分が企業実体として認識される。すなわち部門ごとに会計単位が設定され，会計計算が行われることもある。

　企業実体は，今日では個別企業の範囲を超えて認識されたり，逆に個別企業の内部で組織構成単位ごとに特定されたりするので，法的実体ではなく経

済的実体を意味する。なお，企業の経済活動の成果を計算するための主体を，出資者たる株主とみるのか（資本主理論），企業それ自体とみるのか（企業主体理論），企業とステークホルダーを合わせた企業体とみるのか（企業体理論）といった観点から，「**会計主体の公準**」と呼ぶ場合がある。

（2）継続企業の公準

継続企業の公準は，「企業は継続して半永久的に経済活動を営む。」という前提で会計を行うことを要請する公準である。換言すれば，この公準は企業の解散や清算を前提に会計を行うのではなく，反証のない限り，継続企業の立場から会計は行われなければならないという前提である。

継続企業の公準は，会計原則や会計処理方法を導き出すための合理的根拠として重要な役割を果たしている。固定資産を例にとると，継続企業を仮定することにより取得原価を各会計期間に配分するという**原価配分の原則**が認められ，減価償却の計算方法として**定額法**や**定率法**が導き出されるのである。また，換価価値をもたない開業費や開発費のような特定の支出が，将来の収益の獲得への貢献を根拠に資産性を与えられ，繰延資産としての認識が認められるのも経済活動の継続性が前提となっているからである。

ところで，経済活動は半永久的に営まれるということが前提になっているが，そうであるからといって企業の解散時点で利益計算を行うことは合理的ではないし不可能でもある。そこで経済活動が営まれる期間を人為的に区切り，期間ごとに経営成績や財政状態を把握することが必要になる。この人為的に区切られた期間を**会計期間**といい，今日の会計では一般的に1年を会計期間とした期間損益計算が行われている。経済活動の継続性が前提とされているところから，継続企業の公準には会計期間の設定という会計の時間的限定の必要性も包含され，「**会計期間の公準**」と呼ぶことがある。

（3）貨幣的評価の公準

貨幣的評価の公準は，「会計の対象として取り扱われるものは，貨幣で測定できるものだけに限定される。」ということを要請する公準である。企業を

設立するには一定の貨幣量，すなわち資本が必要である。そして，出資者から企業に拠出された資本は，利益の獲得を目的に多様な形で運用される。経済活動の成果である利益は投下された貨幣量である資本が，どれだけ増加したかによって測定される。このような観点から，経済活動を会計で捉えるにあたって，その対象となるのは貨幣で測定できるものに限定されるのである。

　また，企業は調達した資本で土地，建物，商品，原材料，機械設備，車両運搬具等の多種多様な財貨を購入し，それらを活用することで経済活動を展開する。企業の保有する財貨はその種類によって物理的属性を異にしており，したがって物量単位もそれぞれ異なっている。物量単位の異なる財貨は各物量単位で資産の合計値や差額を計算しても，その数値は資本維持に関する説明責任を果たす情報として意味をなさない。貨幣経済下にあっては，貨幣はすべての財貨すなわち異なる物量単位を共通の貨幣単位に還元できるという特徴を有している。そこで，貨幣単位による測定を行うことによって測定の加算・減算あるいは比較が可能となるのである。

(4) 簿記公準の必要性

　上述の3公準の連関を述べるならば，まず利益計算の対象となる会計単位はどの範囲となるかを限定し（**企業実体の公準**），次にその会計単位が行う継続的な経済活動の利益を計算するために人為的に期間を区切って会計期間を限定し（**継続企業の公準**），最後に会計期間中の経済活動を貨幣単位で記録するということになる（**貨幣的評価の公準**）。

　なお，後述のように，企業会計原則は取得原価主義に基づいた**期間損益計算**の理論体系として構築されている。会計公準は企業会計原則の前提となる基礎概念であるが，企業会計原則には複式簿記に基づいて会計記録を行うことを求める「正規の簿記の原則」があること，また，商法や会社法では一般に公正妥当と認められる会計の慣行や企業会計の慣行に基づいて適時に正確な会計帳簿を作成することが義務付けられている。そのため，上述の3公準のみでは不備があるとして，**簿記公準**（単式簿記ではなく複式簿記による会

計記録の要請）を含める考え方がある。とりわけ，期間損益計算を目的とする企業会計では，資産・負債・資本・収益・費用に属する諸勘定が計算単位となり，取引を分析して借方・貸方に記録する簿記の原理に基づき会計帳簿が作成されることから簿記公準を**勘定系統の公準**ということがある。

3　企業会計原則

　企業の財政状態および経営成績を正確に把握するために制定された企業会計原則は，企業会計の実務の中に慣習として発達したもの（会計慣行）の中から，一般に公正妥当と認められたところを要約したものである。企業会計原則は，その制定の基盤を会計慣行に置いていることから，あらゆる企業の会計実務に応用することができるといった特徴がある。

　企業会計原則は，一般原則，損益計算書原則ならびに貸借対照表原則の3つの原則から構成されている。一般原則は，企業会計に関する包括的な基本原則であり，損益計算書原則と貸借対照表原則の基礎構造としての役割を果たしている。したがって，損益計算書・貸借対照表を作成するための認識・測定・報告に関する原則である損益計算書原則と貸借対照表原則は，一般原則で示されている基本的要請（当為命題）から導かれることになる。損益計算書原則と貸借対照表原則の内容は，各論の章に反映されているので，本章ではその詳細の説明は割愛している。

　企業会計原則における一般原則は，**図表2−3**に示すように，①真実性の原則，②正規の簿記の原則，③資本・損益区分の原則，④明瞭性の原則，⑤継続性の原則，⑥保守主義の原則，⑦単一性の原則の7つである。①の真実性の原則は，②から⑦の諸原則が順守されたときに得られる情報の特性である。企業会計原則上，一般原則としては挙げられていないが，会計処理や表示に関する包括的な原則として重要性の原則がある。

　次に，企業会計原則は会計公準に基づいて構築された会計理論であるという観点から，会計公準と一般原則の関係をまとめたものが**図表2−4**である。貨幣的評価の公準は，ここでは②から⑦の諸原則にかかわるものとして位置付けている。

図表 2 - 3　一般原則の内容

原則	内容
①真実性の原則	企業会計は，企業の財政状態および経営成績に関して，真実の報告を提供するものでなければならない。
②正規の簿記の原則	企業会計は，すべての取引につき，正規の簿記の原則に従って，正確な会計帳簿を作成しなければならない。
③資本・損益区分の原則	資本取引と損益取引とを明瞭に区別し，特に資本剰余金と利益剰余金とを混同してはならない。
④明瞭性の原則	企業会計は，財務諸表によって，利害関係者に対し必要な会計事実を明瞭に表示し，企業の状況に関する判断を誤らせないようにしなければならない。
⑤継続性の原則	企業会計は，その処理の原則および手続を毎期継続して適用し，みだりにこれを変更してはならない。
⑥保守主義の原則	企業の財政に不利な影響を及ぼす可能性がある場合には，これに備えて適当に健全な会計処理をしなければならない。
⑦単一性の原則	株主総会提出のため，信用目的のため，租税目的のため等種々の目的のために異なる型式の財務諸表を作成する必要がある場合，それらの内容は，信頼しうる会計記録に基づいて作成されたものであって，政策の考慮のために事実の真実な表示をゆがめてはならない。

図表 2 - 4　会計公準と一般原則との関係

会計公準	一般原則	
企業実体の公準 貨幣的評価の公準	資本・損益区分の原則	真実性の原則
	保守主義の原則	
継続企業の公準 貨幣的評価の公準	継続性の原則	
簿記公準 貨幣的評価の公準	正規の簿記の原則	
	明瞭性の原則	
	単一性の原則	

　企業会計原則の損益計算書原則ならびに貸借対照表原則は，企業会計基準（図表 2 - 8）に置き換わり，その役割を終えたという解説がみられるが，後述する「中小企業の会計に関する基本要領」は企業会計原則を基礎としており，企業会計原則の意義は中小企業会計において今なお生き続けていると解

釈してよいであろう。また，企業会計基準では固定資産会計に関する会計基準が設定されていないことから減価償却資産の原価集合・原価配分・評価替に関する会計処理は企業会計原則に従うことになるといわれている。

4　概念フレームワーク

　第1節で述べたように，日本における財務会計の**概念フレームワーク**は，企業会計基準委員会が2006年12月に討議資料として公表している。概念フレームワークは，企業会計（特に外部報告を目的とする財務会計）の基礎にある前提や概念を体系化したものであるが，個別の会計基準の具体的な内容を直接定めることを意図したものではない。また，証券市場における**ディスクロージャー制度**を念頭に置いて記述されたものであるため，非公開会社の中小企業会計に対して直接的な影響を及ぼすものではない。

　そこでは，財務報告の目的は，投資家による企業成果の予測と企業価値の評価に役立つような，企業の財務状況の開示にあると措定され，投資家の意思決定に資する有用な会計情報は，意思決定との関連性（**目的適合性**ともいう）と信頼性という質的特性を具備することが求められ，それらを兼ね備えた情報が**意思決定有用性**のある会計情報となる。かかる意思決定有用性のある会計情報を具現するものが，財務諸表の構成要素である。

　それでは，財務諸表の構成要素がどのように定義されているかをみてみよう。それをまとめたものが，**図表2−5**である。日本における伝統的会計理論（企業会計原則）では，期間損益計算の目的観に立脚し，収支計算に基づいて収益と費用を規定し，その差額を期間損益として算定する計算構造をもっている。それを**収益費用アプローチ**と呼んでいる。収益費用アプローチでは，期間損益計算の結果として貸借対照表の資産，負債，資本等の構成要素が定義される。

　概念フレームワークでは，**図表2−5**に例示するように，貸借対照表の構成要素である資産と負債があらかじめ定義され，それらの資産と負債の定義を用いて損益計算書を構成する収益と費用の概念が定義されている。それを**資産負債アプローチ**と呼んでいる。

図表 2 - 5　財務諸表の構成要素と定義

構成要素	定義
資産	資産とは，過去の取引または事象の結果として，報告主体が支配している経済的資源をいう。
負債	負債とは，過去の取引または事象の結果として，報告主体が支配している経済的資源を放棄もしくは引き渡す義務，またはその同等物をいう。
純資産	純資産とは，資産と負債の差額をいう。
株主資本	株主資本とは，純資産のうち報告主体の所有者である株主（連結財務諸表の場合には親会社株主）に帰属する部分をいう。
包括利益	包括利益とは，特定期間における純資産の変動額のうち，報告主体の所有者である株主，子会社の少数株主，将来それらになり得るオプションの所有者との直接的な取引によらない部分をいう。
純利益	純利益とは，特定期間の期末までに生じた純資産の変動額のうち，その期間中にリスクから解放された投資の成果であって，報告主体の所有者に帰属する部分をいう。純利益は，純資産のうちもっぱら株主資本だけを増減させる。
収益	収益とは，純利益または少数株主損益を増加させる項目であり，特定期間の期末までに生じた資産の増加や負債の減少に見合う額のうち，投資のリスクから解放された部分である。
費用	費用とは，純利益または少数株主損益を減少させる項目であり，特定期間の期末までに生じた資産の減少や負債の増加に見合う額のうち，投資のリスクから解放された部分である。

　図表 2 - 5 の定義から知られるように，資産とは，過去の取引または事象の結果として，報告主体が支配している経済的資源をいう。また，負債とは，過去の取引または事象の結果として，報告主体が支配している経済的資源を放棄もしくは引き渡す義務，またはその同等物をいう。資産と負債の差額は純資産と呼ばれている。さらに，純資産のうち株主に帰属する部分が株主資本である。

　第 11 章の損益会計で述べているように，2018 年に制定された新しい収益認識基準では資産負債アプローチに基づき包括的な収益認識の手続が体系化されていると解釈することができる。概念フレームワークでは，続けて，財務諸表の構成要素の定義を満たす項目がどのように認識・測定され財務諸表

に計上されるのかが説明されている。

　財務諸表における認識とは，構成要素を財務諸表の本体に計上することをいう。定義を充足した各種項目の認識は，原則として，基礎となる契約の少なくとも一方の履行が契機となる。さらに，いったん認識した資産・負債に生じた価値の変動も，新たな構成要素を認識する契機となる。

　財務諸表における測定とは，財務諸表に計上される諸項目に貨幣額を割り当てることをいう。資産の測定属性は**図表2−6**のとおりに整理されており，**図表2−7**は負債の測定属性についてまとめたものである。

図表2−6　資産の測定に係る測定属性

属性	内容
取得原価	（a）資産取得の際に支払われた現金もしくは現金同等物の金額 （b）取得のために犠牲にされた財やサービスの公正な金額
未償却原価	取得原価の一部を費用に配分した結果の資産の残高
市場価格	（1）購買市場と売却市場が区別されない場合 　　資産の処分清算により得られる資金額または資産の再取得に必要な資金額 （2）購買市場と売却市場が区別される場合 　　（a）再調達原価 　　（b）正味実現可能価額
割引価値	（1）将来キャッシュ・フローを継続的に見積もり直し割引率も改訂する場合 　　（a）利用価値（使用価値） 　　（b）市場価格を推定するための割引価値 （2）将来キャッシュ・フローのみを継続的に見積もり直す場合 　　資産の利用から得られる将来キャッシュ・フローを測定時点で見積もりその期待キャッシュ・フローを資産の取得時点における割引率で割り引いた測定値
入金予定額	資産から期待される将来キャッシュ・フローを単純に合計した金額
被投資企業の純資産額に基づく額	被投資企業の純資産のうち投資企業の持分比率に対応する額

出所：概念フレームワークの「第4章　財務諸表における認識と測定」の8項-32項をまとめたものである。

25

図表2-7 負債の測定に係る測定属性

属性	内容
支払予定額	負債の返済に要する将来キャッシュ・フローを単純に（割り引かずに）合計した金額（決済価値または将来支出額）
現金受入額	財・サービスを提供する義務の見返りに受け取った現金または現金同等物の金額
割引価値	(1) 将来キャッシュ・フローを継続的に見積もり直し割引率も改訂する場合 　　（a）リスクフリー・レートによる割引価値 　　（b）リスクを調整した割引率による割引価値 (2) 将来キャッシュ・フローのみを継続的に見積もり直す場合 　　測定時点で見積もった将来のキャッシュ・アウトフローを負債が生じた時点における割引率で割り引いた測定値 (3) 将来キャッシュ・フローを見積もり直さず割引率も改訂しない場合 　　負債が生じた時点で見積もった将来のキャッシュ・アウトフローをその時点での割引率によって割り引いた測定値
市場価格	（資産の市場価格を参照せよとの表記のみ）

出所：概念フレームワークの「第4章　財務諸表における認識と測定」の33項-46項をまとめたものである。

　それら各種の測定値は企業の投資とどのような関連をもつものであるかに着目してその意味が説明されている。付言すれば，概念フレームワークでは投資家が会計情報を利用して企業の**将来キャッシュ・フロー**を予測するためには，会計数値は企業の投資活動と経験的に意味のある関連をもつ必要があるという観点から，それぞれの認識・測定方法はどのような状態の投資に適用できるのか，またそれを適用した結果，各測定値にはどのような意味が与えられるのかについての説明がなされている。

　図表2-6のうち**取得原価**は，企業が実際に投資した資金額であり，**未償却原価**はそのうちいまだ収益に賦課されていない額を意味する。取得原価で資産を測定する場合には，現在の投資行動をそのまま継続することが前提となる。したがって，未償却原価によって資産を測定する場合には，その測定値は継続利用している資産について将来に回収されるべき投資の残高を表現するものであり，将来において計画的・規則的に配分することが予定されている。

　それゆえに，取得原価による測定は，資産の価値の測定方法というよりも，資産の利用に伴う費用を測定するという観点で重要性を有する。ただし，費用測定のための期間配分の手続において将来事象に関する見積もりが行われるため，重要な誤謬が事後的に判明した場合には，見積もりが適宜修正され，それに応じて未償却原価も修正されることになる。

　そのような特徴を有する取得原価を利益計算の基礎に置く**取得原価主義会計**は，株式会社における株主と取締役の関係に照らして次のような意義を有することになる。すなわち，株式会社においては，株主と取締役の委任・受任の関係に基づいて，取締役が**受託責任**をどのように履行したかを財務的側面から明らかにすることに**アカウンタビリティ**の中心的課題があり，会計的にそれを支える思考が取得原価主義である。つまり，株主は出資額を限度とした有限責任であることから，株主に対する取締役の受託責任は，貨幣資本に限定され，貨幣資本を維持することによってその責任が果たされる。貨幣資本が維持されたかどうかを判断する基準が取得原価である。指摘するまでもなく，取得原価主義が日本における制度会計の基盤となっている。

第3節　企業会計基準，国際会計基準，修正国際基準，米国会計基準

　日本の上場会社が連結財務諸表を作成するに際して適用できる会計基準は，法令により企業会計基準を一般原則として，国際会計基準，修正国際基準，米国会計基準の3基準については特例等の措置として，会社の状況に応じて選択し適用することが認められている。以下，各基準の背景や体系等について，その概要を述べることとする。

1　企業会計基準

　日本において企業会計基準の研究・開発・設定を行っている民間団体が企業会計基準委員会（Accounting Standards Board of Japan：ASBJ）である。企業会計基準委員会は，企業会計基準に関する理論的検討に合わせて，実務にお

けるニーズを迅速・的確に反映した会計基準や実務上の取扱いに関する指針の開発等，経済の重要なインフラとしての企業会計基準の整備という社会的に重要な役割を担っている。

2024年2月末までに公表・改正等がなされた企業会計基準を一覧できるように整理したものが**図表2-8**である。周知のように，企業会計基準は，国際会計基準（正式には**国際財務報告基準**であるが，金商法等の法令での用語法に従い本章では国際会計基準を用いている。）との国際的な収斂，つまり企業会計の基準について国際的に共通化が図られたものである（財規1条3五，連結財規1条3五）。しかし，のれんの償却や固定資産の減損損失の戻入れについて，国際会計基準と異なり，企業会計基準に固有の会計処理があることが知られている。

企業会計基準は，上場会社の**個別財務諸表**（財規1条3）のみならず，「連結財務諸表の用語，様式及び作成方法に関する規則」（以下，連結財規）により，**連結財務諸表**（連結貸借対照表，連結損益計算書，連結包括利益計算書，連結株主資本等変動計算書，連結キャッシュ・フロー計算書，連結附属明細表）の作成についても一般原則として適用される（連結財規1条3）。

2　国際会計基準

国際会計基準（International Accounting Standards：IAS）は，ロンドンに本部がある**国際会計基準審議会**（International Accounting Standards Board：IASB）が研究開発を行い公表している会計基準である。実際には，国際会計基準を含めた**国際財務報告基準**（International Financial Reporting Standards：IFRS）が正式名称である。

国際会計基準は41号まで公表されているが，公表後に廃止または国際財務報告基準に引き継がれたものがある。また，2024年2月末現在で，国際財務報告基準は17号まで公表されており，IFRS15「顧客との契約から生じる収益」は企業会計基準29号「収益認識に関する会計基準」の手本となったものである。

国際会計基準は，連結財規93条により2010年3月期から連結財務諸表の

図表 2 - 8　企業会計基準の一覧（2024 年 2 月末現在）

号	表題	公表年・最終改正等年
1	自己株式及び準備金の額の減少等に関する会計基準	2002 年・2015 年
2	1 株当たり当期純利益に関する会計基準	2002 年・2020 年
3	『退職給付に係る会計基準』の一部改正	26 号に置き換え
4	役員賞与に関する会計基準に関する会計基準	2005 年
5	貸借対照表の純資産の部の表示に関する会計基準	2005 年・2022 年
6	株主資本等変動計算書に関する会計基準	2005 年・2022 年
7	事業分離等に関する会計基準	2005 年・2019 年
8	ストック・オプション等に関する会計基準	2005 年・2022 年
9	棚卸資産の評価に関する会計基準	2006 年・2019 年
10	金融商品に関する会計基準	2006 年・2022 年
11	関連当事者の開示に関する会計基準	2006 年・2016 年
12	四半期財務諸表に関する会計基準	2007 年・2020 年
13	リース取引に関する会計基準	1993 年・2007 年
14	『退職給付に係る会計基準』の一部改正（その 2）	26 号に置き換え
15	工事契約に関する会計基準	29 号に置き換え
16	持分法に関する会計基準	2008 年・2015 年
17	セグメント情報等の開示に関する会計基準	1988 年・2010 年
18	資産除去債務に関する会計基準	2008 年・2012 年
19	『退職給付に係る会計基準』の一部改正（その 3）	26 号に置き換え
20	賃貸等不動産の時価等の開示に関する会計基準	2008 年・2011 年
21	企業結合に関する会計基準	2003 年・2022 年
22	連結財務諸表に関する会計基準	2008 年・2020 年等
23	『研究開発費等に係る会計基準』の一部改正	1998 年・2008 年
24	会計方針の開示，会計上の変更及び誤謬の訂正に関する会計基準	2009 年・2020 年
25	包括利益の表示に関する会計基準	2010 年・2013 年
26	退職給付に関する会計基準	1998 年・2022 年
27	法人税，住民税及び事業税等に関する会計基準	2017 年
28	『税効果会計に係る会計基準』の一部改正	1998 年・2018 年
29	収益認識に関する会計基準	2018 年・2020 年
30	時価の算定に関する会計基準	2019 年
31	会計上の見積りの開示に関する会計基準	2020 年
32	「連結キャッシュ・フロー計算書等の作成基準」の一部改正	2023 年

作成に適用することが認められている。会計基準の国際的調和化・統一化など国際会計基準を取り巻く諸問題については第 3 章において解説されている。また，本書執筆時点の 2024 年 1 月末現在で，東京証券取引所に上場している株式会社のうち，IFRS 適用会社数は 266 社であり，IFRS 適用を決定した会社数は 11 社となっている。詳細については日本取引所グループのホームページを参照いただきたい。

3 修正国際基準

修正国際基準（Japanese Modified International Standards：JMIS）とは，国際会計基準と企業会計基準委員会による修正会計基準によって構成される会計基準のことを指している。2022 年 8 月時点で公表されている修正会計基準は次のとおりである。

企業会計基準委員会による修正会計基準第 1 号「のれんの会計処理」2015 年 6 月 30 日・改正 2018 年 4 月 11 日
企業会計基準委員会による修正会計基準第 2 号「その他の包括利益の会計処理」2015 年 6 月 30 日・最終改正 2018 年 4 月 11 日

修正会計基準 1 号の骨子はのれんの定期償却を認めていることである。同 2 号のそれはその他の包括利益の一定の項目について当期純利益への組替調整（リサイクリング）を認めていることである。修正国際基準は連結財規 94 条により連結財務諸表の作成に適用することが容認され 2016 年 3 月期から適用可能となっているが，適用会社はないといわれている。

4 米国会計基準

米国会計基準は，USGAAP とも呼ばれ，財務会計基準審議会（Financial Accounting Standards Board：FASB）が研究開発し公表している会計基準を指している。当該会計基準の詳細は同審議会のホームページ（https://www.fasb.org/home）を参照いただきたい。米国会計基準は，連結財規 95 条により連結財務諸表の作成に適用することが認められている。

図表2-9　米国会計基準適用会社（2022年3月期）

会社名	業種
ワコールホールディングス	繊維製品
富士フイルムホールディングス	化　学
小松製作所	機　械
東芝	電気機器
オムロン	電気機器
村田製作所	電気機器
野村ホールディングス	証券，商品先物取引業

　2022年3月期に米国会計基準を適用している会社は**図表2-9**のとおり7社が知られている。そのうち，ワコールホールディングスは，2023年3月期より連結財務諸表の作成に国際財務報告基準を任意適用することが有価証券報告の中で公表されている（同社74期有報，24頁）。

第4節　中小企業の会計

1　中小企業向け会計基準の設定の背景

　経済環境の変化を受けた日本の企業会計制度を回顧すれば，1997年の金融制度改革（金融ビッグバン）以降，会計研究の知見をくみ取りながらIFRS導入など国際化が進展し，フリー・フェアー・グローバルの名の下，金融証券市場の規制緩和が進んだ。一方で，公正価値等の時価評価を多用する会計基準は，企業開示制度において過度のショートターミズムを生み出し，製造業など中長期的視点で事業を展開する企業にとって足かせとなるという批判が生まれた。

　さらに，2008年のリーマン・ショックによる世界金融恐慌により**時価会計**に対する批判が強まり，財務情報以外のリスク情報等の**非財務情報**の開示の重要性が高まるとともに，**企業のサステナビリティ**に関連する情報を含めた**統合報告**の任意開示が進展し，企業会計制度の再構築が求められるようになってきた。

前述の制度変革のうねりは，日本の**会計制度の二分化**（上場大企業の会計
と非公開の中小企業の会計の別体系化）ならびに会計基準の複線化をもたら
した。**会計基準の複線化**（企業会計基準，国際会計基準，修正国際基準，米
国会計基準）や「中小企業の会計に関する指針」（制定 2005 年 8 月 1 日，以
下，**中小会計指針**）・「中小企業の会計に関する基本要領」（制定 2012 年 2 月
1 日，以下，**中小会計要領**）など目的・特徴を異にする会計慣行の多様化が
進行する中で，制度選択のコスト・ベネフィットを考慮した日本企業の成長
に資する企業会計のあり方が経済政策の重要な課題として議論されてきた。

　中小企業の属性（例えば，**出資と経営の未分離**，専門知識を有する会計担
当者の不在等）を考慮した中小企業のための会計基準が本当の意味で必要と
されたのは，上場大会社向けの企業会計基準が中小企業にとっては過重負担
であり，また，中小会計要領の目的において謳われているように，取引先や
資金調達先からの信頼を得ることを念頭に，経営者が自社の財務状況を把握
し事業経営の改善に役立てるためであった。

　中小企業庁が主催する「中小企業の会計に関する研究会」が発足し議論が
開始されたのは 2002 年 3 月である。丁度，バブル経済が崩壊して 10 年後の
ことである。日本経済の失われた 10 年と称される景気後退期に，大手都銀
の統廃合，中小企業からの貸しはがし，景気後退による中小企業の倒産件数
の増加など，経営環境が悪化する中で，500 万を超えるとされる中小企業
（そのうち中小の株式会社は 258 万社に及ぶ）が，自社の経営を維持し発展
させて行くためには，経営者自身が，会社の財務状況を把握した上で経営課
題を見い出し，それを解決するための資金調達その他経営上の方策を立てる
必要があった。

　つまり，景気後退期で売上増が期待できない中，利益額や利益率を堅守し
拡大させるためには，コスト削減による経営改善しかない。そのためには，
税法基準に従った中小企業の経理実務では自社の経営状況の実態把握が困難
であり，継続企業の視点から設定された中小企業のための会計基準が必要で
あり，その実現形態が企業会計原則を基礎とした中小会計要領であると理解
できる。

2　中小企業の会計に関する指針

　中小会計指針は，中小企業が計算書類の作成にあたりよることが望ましい会計処理や注記等を示すものである。また，会計参与が取締役と共同して計算書類を作成するにあたってよることが適当な会計のあり方を示すものである。また，**図表2-10**に列挙した項目のとおり，中小会計指針は，企業会計基準を簡略化・簡素化したものである。本指針の適用対象は，①金商法の適用を受ける会社ならびにその子会社・関連会社，②会計監査人を設置する会社（大会社以外で任意で会計監査人を設置する株式会社を含む。）ならびにその子会社の2つを除く株式会社である。

図表2-10　中小企業の会計に関する指針（2023年5月10日最終改正）

【総論】	【各論】（続き）
目的	金銭債務
対象	引当金
本指針の作成に当たっての方針	退職給付債務・退職給付引当金
本指針の記載範囲及び適用に当たっての	税金費用・税金債務
留意事項	税効果会計
	純資産
【各論】	収益・費用の計上
金銭債権	リース取引
貸倒損失・貸倒引当金	外貨建取引等
有価証券	組織再編の会計
棚卸資産	（企業結合会計及び事業分離会計）
経過勘定等	個別注記表
固定資産	決算公告と貸借対照表及び損益計算書並
繰延資産	びに株主資本等変動計算書の例示

3　中小企業の会計に関する基本要領

　中小会計要領は，2012年2月1日に公表されたものである。同要領は，厳密にいえば，中小会計指針と同様に，企業会計基準と同等の強制力を有するものではないため会計基準と呼ばれていない。しかしながら，中小会計指針と中小会計要領は，計規3条に規定される「一般に公正妥当と認められる

企業会計の基準その他の企業会計の慣行」のうちの「その他の企業会計の慣行」に該当する。そのため，中小会計要領は，中小企業の会計実務に対して相当の権威性を有するものとして採用が進んでいる。

　中小会計要領の目的は，中小企業の多様な実態に配慮し，その成長に資するため，中小企業が会社法上の計算書類等を作成する際に，参照するための会計処理や注記等を示すものであると述べられている。本要領の目次をまとめたものが**図表2-11**である。本要領の利用は，①金商法の規制の適用対象会社，②会社法上の会計監査人設置会社の2つを除く株式会社が想定されている。中小会計要領は，中小会社の採用を促進するため，中小会計指針と異なり，国際会計基準の内容を反映させず安定的に継続利用可能なものとなっている。

図表2-11　中小企業の会計に関する基本要領の内容（2012年2月1日公表）

Ⅰ．総論	Ⅱ．各論（続き）
1. 目的	6. 棚卸資産
2. 本要領の利用が想定される会社	7. 経過勘定
3. 企業会計基準，中小指針の利用	8. 固定資産
4. 複数ある会計処理方法の取扱い	9. 繰延資産
5. 各論で示していない会計処理等の取扱い	10. リース取引
6. 国際会計基準との関係	11. 引当金
7. 本要領の改訂	12. 外貨建取引等
8. 記帳の重要性	13. 純資産
9. 本要領の利用上の留意事項	14. 注記
Ⅱ．各論	Ⅲ．様式集
1. 収益，費用の基本的な会計処理	貸借対照表・損益計算書・記載上の注意・株主資本等変動計算書（横形式）・株主資本等変動計算書（縦形式）・個別注記表・製造原価明細書・販売費及び一般管理費の明細
2. 資産，負債の基本的な会計処理	
3. 金銭債権及び金銭債務	
4. 貸倒損失，貸倒引当金	
5. 有価証券	

第3章

会計基準の国際的統合

第1節　国際的統合の背景

1　企業活動の国際化

　企業活動の国際化とは，企業が国内外で**経営資源**（ヒト，モノ，カネ，情報，技術）を活かして企業運営を行うことをいう。その場合，自国の慣習すべてをそのまま適用させることができない領域における活動も生じてくる。

　慣習とは，一定の領域内で暗黙の前提のように人々に受け入れられて通用している伝統的な行動様式である。行動規範，罰則等が明記されていなくても大きな問題や対立等を生じさせることなく諸事を円滑に遂行可能とする，いわば世間のしきたりである。ビジネス慣習，慣行の中で適用される会計においては，「公正なる会計慣行」と表現される領域である。この慣習，慣行を土台として，さらに明示的なルールを付加したものが制度である。

　制度とは，広義には文化的，社会的，政治的，経済的および法律的要因，さらには徴税の方法など多様な意味がある。**会計制度**とは，商慣行，会計実務等の経済的環境要因を所与として，法律，会計原則・会計基準等の規則，ルールが機能する仕組みの総称である。大別して，法規範の領域と慣習規範の領域がある。例えば日本の場合では，民法，商法，会社法，金融商品取引法，税法等が法規範の領域であり，慣習規範の領域に会計原則，会計基準・適用指針等がある。会計における慣習規範は，「**一般に公正妥当と認められた会計原則（基準）（GAAP）**」と表現されるものである。「**企業会計原則**」がその最たるものであり，**企業会計審議会**，**企業会計基準委員会**等の基準設定機関公表の基準もこれに該当する。慣習規範の場合には，一般に法的強制力はも

たないが，法規範の領域の法令には，法的強制力がある。会社法第431条で
「株式会社の会計は，一般に公正妥当と認められる企業会計の慣行に従うも
のとする」と定めて，法規範の領域で慣習規範を支えている。

　このような慣習や制度面で自国と異なる他国においても企業運営，すなわ
ち，事業活動，金融活動を行っている企業を多国籍企業という。**多国籍企業**
とは，複数の国の制度の下で，一定の資産を法的，物理的に支配して，製
造，流通，販売などの拠点を他国に設置している企業のことである。そし
て，その場合，単一の企業ではなく，法的には独立した複数の企業が，資本
関係を結び，企業集団（親会社，子会社および孫会社等）を構成している場
合が一般的である。多国籍企業の親会社は，財務諸表の作成者であり，利用
者でもある。国際的な資金調達者として，活動拠点を置いている国の基準に
従って財務諸表を作成して，かつ監査を受ける必要がある。また，調達した
資金で事業投資，金融・証券投資を行う必要がある。

　企業がその活動を国際化するためには，法律，さらにそれらの法律をより
細目的に規定する施行規則等に相当する制約の壁を乗り越えていく必要があ
る。その国や機関のルール，制度を受け入れて採用していく必要がある。つ
まり，多国籍企業は，自国と他国ないし地域（例えばEU域内）との間に存
在する会計的相違点を克服していく必要がある。あるいは逆に，会計処理お
よび開示ルールに関する国際的相違点を解消していく必要がある。

　会計基準の国際的統合の背景には，企業が「会計慣行，会計制度の国際的
相違点を克服」する努力に加えて，その克服に必要な労力を削減することを
目的として，各国の基準設定団体，関係者等が「国際的相違点を解消」する
努力を行う必要性が増大してきたという要因がある。

2　証券市場の国際化

（1）資金調達の方法

　企業が外部から資金を調達する方法には，大別して直接金融と間接金融が
ある。ここに**資金**とは，現金同様に機能する資産グループのことをいう。現
金同等物という場合もある。具体的には，現金（日銀券，硬貨）と同様に支

払手段として利用できる預金（普通預金，当座預金）等がその代表格である。そして，資産のうち，どの範囲までを現金同等物とするかは，資料・文書，その用語を用いる際の文脈によって定義・範囲が異なる場合がある点に注意が必要である。販売・売却する努力（売れないかもしれないリスク負担）を要しないで現金化可能な資産群が現金同等物であるとする理解も，現金同等物か否かの1つの判別規準である。したがって，棚卸資産や固定資産等の資産群は，資産群の中で販売の努力を要しないで即時に換金可能な資産ではないので，一般的には資金に含まれない。

　直接金融と間接金融のうち，**間接金融**は，最終的な**資金の取り手**（借り手）と**資金の出し手**（貸し手）との間に，金融機関（銀行，信用金庫等）が介在する方式である。一般には，①預金者が資金の出し手（貸し手）として銀行に現金を預金する，②銀行等はその現金（預金）を借り入れる形で資金調達を行う，③銀行等はその資金の運用として，最終的な資金の取り手（借り手）へ現金を貸し出す行為を行うという3つの行為，関係性で成り立っている。

　銀行等の金融機関は，最終的な資金の取り手（借り手）から資金を回収できない回収不能等の場合のリスク負担機能を担っている。例えば仮に，銀行等の金融機関が破綻した場合，資金の出し手である預金者の立場からみると，預金保険機構に一定金額まで預金金額の元本を保証してもらえる機能，ペイオフという仕組みもある。

　これに対して，**直接金融**の場合に介在する証券会社は，この機能を基本的に担っていない。回収不能のリスク負担を担っていない。資金の出し手である投資者の立場からみると，常に投下資金の元本割れリスクがある。

　直接金融は，株式や社債の発行によって証券市場で資金調達を行う方法である。最終的な資金の取り手と資金の出し手が直接融通しあう方式である。社債は貸借対照表上では負債であるが，社債の発行行為，それによる資金調達は直接金融に属する。

　直接金融の場合，多数の取引参加者がいることによって活発な市場が整備されている場合と整備されていない場合とでは，事情が大きく異なる点がある。活発な市場が整備されていない取引，相対（あいたい）取引の場合に

は，資金の出し手は，当初の資金の取り手に支払ってもらう以外に資金の元本やその一部を回収する方法がない。これに対して，「活発な市場」がある場合，資金の出し手は，新たな資金の出し手希望者をみつけることによって，その相手に「証券保有者（株主の権利保有者）」としての立場の交代を申し込む行為，転売行為を行い，即時に部分的にでも当初に拠出した資金を回収することが可能である。つまり，資金の取り手と出し手が最初に取引関係を結ぶ発行市場に加えて，転売市場となる流通市場の整備状況が，この直接金融の機能の仕方を左右することになる。この流通市場の整備が整っている場所が，東京証券取引所に代表される証券取引所である。そしてその親会社は，**株式会社日本取引所グループ**である。

(2) 資金調達の国際化の背景

　英国，米国，カナダ，オーストラリア等の諸国では，早くから直接金融が普及していたのに対して，日本，ドイツ等では，戦後復興の資金不足の背景等もあって，間接金融に重点が置かれてきた。

　一般に，企業は**資金不足主体**といわれる。つまり，資金需給の需要者，資金の取り手の立場である。資金需給の需要者，資金の取り手の立場からみると，知名度のある大企業にとって，その信用力を後ろ盾にして，不特定多数からの資金調達は比較的容易であるのに対して，会社設立から間もないために知名度がないスタートアップ企業，中小零細企業にとっては，この不特定多数から資金調達を行うためのハードルは高い。

　大多数から信用を得られているわけではない企業は，銀行等の特定の専門機関に自社の信用力調査を委ねて信用してもらった上で，資金を融通してもらう必要性が高い。つまり，間接金融優位の環境下である。直接金融よりも間接金融優位の国々は，戦後復興期の資金不足の時代を経験している。日本を含むこれらの国々では，多くの企業が，この中小零細企業からの再スタートと同様の状況下に置かれていたという背景がある。

　しかし，近年では資本主義経済の戦後の勃興期を経て，これまで間接金融優位であった国々が，直接金融への依存度を高めながら今日に至っている。

つまり，企業が成長・成熟していくにつれて，銀行に頼る間接金融への依存度を減らし，直接金融市場に参入する力を蓄えてきたという経緯がある。

(3) 証券投資の国際化の背景

　資金需給の供給者，資金の出し手の立場からみると，その資金力は終戦直後を起点として経済成長とともに蓄えられて，増大してきたという背景がある。一般に，家計は**資金余剰主体**と位置付けられる。さらに近年は，利益の全額，あるいは一部を配当とせずに内部留保している企業もある。利益のうち，分配されずに留保された余剰資金は，企業内で現金として金庫内に保管・滞留させてあるのではなく，再投資の原資として，企業の事業内投資，さらには外部への金融投資として運用されている場合が一般的である。あるいは，余剰資金の有効活用の枠を超えて，運用それ自体を主目的として存在する投資会社もある。つまり，資金の出し手の立場として，銀行へ預金してローリスク・ローリターンのポジションをとるのではなく，ハイリスク・ハイリターンのリスク負担者となってでも，より多くの収益獲得機会のポジションをとろうとする経済主体（企業，家計等）が，経済成長に比例して増えてきたといえる。

　上述のように，**資金需要者**と**資金供給者**の双方の立場から，より多くの収益獲得機会，領域拡大を求める行為，そのニーズが高まっていくと，必然的に国境を越えて国際的活動を行う動機やそのための環境整備への要請が強くなることになる。資金調達の国際化と証券投資の国際化の背景には，間接金融の仕組みに依存した活動から，直接金融の仕組みへの参加者になろうとする経済主体（企業や個人）が年々増加してきたという事情がある。

第2節　国際的統合の経緯

1　会計基準の国際的調和

(1) 情報開示（ディスクロージャー）の必要性の増大

　企業には，多数の利害関係者（ステークホルダー）が関与している。一般

に，**経営資源**のうち，企業にカネの面で貢献するグループとなる資金提供者（資金供給者）には，①投資者（出資者，投資家）と②融資者（債権者），そして③顧客がいる。

　①**投資者**とは，直接金融による資金の出し手であり，②**融資者**とは，間接金融による資金の出し手である。企業からみれば，どちらも資金調達先である。その投資額や融資額は，**勘定式貸借対照表（バランスシート，財政状態計算書）**の貸方に記載されている。貸借対照表日という「一定時点」において，投資者，融資者がいくらの金額分，資金面で企業に関与しているかを示す残高が，資本金や借入金等の名称の下に記載されている。

　③**顧客**との取引の結果として獲得した現金（資金）は，報告式**損益計算書**のトップライン（勘定式損益計算書では貸方）に記載されている。過去の「一定期間」の間に，いくらの金額分，顧客のニーズに応えたかを示す集計・累積金額が，売上高，売上収益，営業収益等の名称の下に記載されている。顧客に販売するそのつどごとの「売上」に関する一定期間の合計額である。このカネをもたらすことで企業に貢献することになるグループである顧客のニーズを満たすことが，企業の成果，存在意義であり，このカネという対価を獲得することと引き換えに，企業はその製品，商品，サービス提供の努力をする必要がある。そのために，企業は各種の**利害関係者**の努力を結集，結実させる必要がある。現金等の支払いで利害関係者に報いることによってそれを実現する。その努力結果（費用）と成果（収益）とを損益計算書上で貨幣計数的に適切に表示することが企業会計の重要な役割ということになる。

　このように，③顧客との財・サービスの取引による資金（現金）獲得の場合には，現金獲得（Take）とほぼ時を同じくして商品（製品）・サービスの提供（Give）をすでに行っているという関係，すなわち，Give & Take の交換関係が，**損益計算書**（財務業績の計算書）の提示時点で，過去の取引の結果としてすでに成立済みの**結果報告**である。

　これに対して，①投資者と②融資者から獲得した資金（現金）の場合には，現在進行形となる。すなわち，企業がある時点で①投資者と②融資者か

ら獲得した資金（現金）は，いずれ後日，その獲得資金以上の資金を資金提供者（投資者，融資者）に還元する必要性，責任がある。資金を獲得したいという誘因（Take）と，そのために行う企業側からの貢献（Give），具体的には，融資に対する利息の支払いや投資（出資）に対する配当金の支払い，そして元本の維持という，この Give & Take の関係は，その時々における当事者の資金需給の違いを活用して行われる金融取引，資金調達としての財務取引なので，**異時点間取引**ともいう。**貸借対照表**（財政状態計算書）の提示時点で，株主，債権者を中心とした「カネ」で企業に貢献するグループとの帰属関係継続中の**状態の報告**である。

　企業が融資者から資金調達を行う間接金融の場合，法体系では，**債権者保護**が重要視されている。この**債権者**という用語には，融資者と仕入先等の意味がある。ここに，**融資者**とは，企業に資金を貸している金銭債権（貸出金，貸付金等）の保有者である。企業側からみると借入金の相手先企業である。仕入先とは，営業活動（販売活動，サービス提供活動等）を行う過程で，代金回収を後日指定にしたために，企業に対して営業債権（受取手形，売掛金等）を有している存在である。企業側からみると支払手形，買掛金の支払い相手企業である。また，営業取引ではない取引から生じる未収入金を企業に対して有している場合もある。

　「**株主有限責任制**」が機能する株式会社制度の下では，出資者たる株主は，その拠出した資金（借方：現金，貸方：資本金の仕訳の場合の現金）を倒産等によってすべて失うリスクを負担している。他方で，企業が債務超過（資産よりも負債の方が多い状態）となった場合に，私財（株主の個人財産）を処分してまで，企業それ自体の金銭的な賠償責任を負う必要はない。株主の損害は，拠出資金のみであり，私財には及ばない取決めが「株主有限責任制」である。このような環境下を想定して，債権（貸出金・貸付金，売掛金，未収入金等と役務提供請求権）が回収不能となるリスクから債権者を保護する必要がある。

　他方，企業が投資者から資金調達を行う直接金融の場合には，**投資者保護**が重要視されることになる。企業に出資する投資者には，**株主の権利**（議決

権，剰余金の配当請求権，残余財産分配請求権）のうち，議決権行使よりも
金銭的報酬（配当金，値上がり益），すなわち，インカムゲインやキャピタ
ルゲイン重視であるために，普段の経営にはほとんど関与していない不在株
主，浮動株主と呼ばれる人々がいる。

　企業への投資者（所有者，オーナー）の一人でありながら，普段の経営に
は関与しない不在株主，浮動株主には，「情報の非対称性」（この場合，経営
陣は現場で知っているが，自分は知らない何らかの状況）があるために，経
営陣による背任行為（経営者等の自分自身の利益のために会社に損害を与え
る行為）に遭遇するリスクがある。そして，その状況の発生も想定して整え
られた前提が「**所有と経営の分離**」である。この「所有と経営の分離」が成
り立っている多数の株主が存在する環境下を前提とすると，投資者保護，株
主保護が重要視されることになる。

　先に説明した「株主有限責任制」を考慮した債権者保護は，企業規模にか
かわらずに，すべての株式会社で考慮する必要がある仕組みである。他方，
投資者保護については，企業規模が影響する。社長一人の株式会社，社長兼
所有者（オーナー）の「一人（いちにん）会社」，これに類する家族経営の
少人数の会社の場合には，不在株主，浮動株主は存在しない。したがって，
「所有と経営の分離」を考慮した投資者保護の観点は不必要である。

　他方で，多くの不在株主，浮動株主が存在する大会社，上場会社（公開会
社），特に国際化を志向する企業にとっては，投資者保護の観点が，より重
要になってくる。この投資者保護で一番重要なことが，投資者の意思決定に
有用な財務諸表本体の表示情報を含めた**情報開示（ディスクロージャー）**で
ある。

（2）国際会計基準の調和の必要性と課題

　第1節で確認したように，企業資金の取り手と出し手の双方の立場から直
接金融のための資本市場，具体的には証券市場への参入希望数が増加してお
り，それが国際会計の領域における情報開示の重要性を高めてきている。

　会計とは，**ビジネスの言語**であるといわれる場合がある。複式簿記機構と

いう世界共通の基礎構造をもちながらも，具体的な会計処理・表示基準の適用段階では，国別の相違点がある。国境の枠を超えて会計を行おうとする際の最初の課題は，外貨換算の問題である。共通の基礎構造（仕組み）をもちながらも，その金額をどの通貨で表示するかについての課題である。この点については，すでに公表済みの外貨建取引に係る会計処理等の課題としておき，ここでは，人々，そして企業の活動範囲が国際化し，国境を越えた経済活動を行おうとする際に，各国の会計基準が異なったままであると，会計情報の発信者，利用者の双方にどのような課題が生じるかを確認する。これを整理すると**図表3-1**のようになる。

　会計基準が各国で異なることで生じる課題を克服するには，一般的に相互承認，国際的な会計基準の導入等の方法がある。

　相互承認とは，ある国の企業が国外の資本市場で資金調達を行う場合に，自国の会計基準に準拠して財務諸表を作成すれば認可される関係を，関係当事国双方で受け入れるというシステムを構築することである。この場合，企業にとって，財務諸表作成の追加的コストの解消という問題解決には寄与するが，投資者にとっては，関係当事国の会計基準等を追加的に理解する必要性は変わらないので問題の解決にはならない。つまり，**理解可能性**と**比較可能性**の両方の向上につながらない。

　国際的な会計基準の導入とは，多くの国や団体の支持のもとに設定された会計基準に準拠して財務諸表を作成するシステムを，国内にそのまま通用するものとして採用することである。各国の代表等から構成される機関の主導の下で新たな会計ルールを構築する方法である。これは，企業と投資者双方にとって有効な1つの解決策である。

　ただし，国際的会計基準の完全実施の場合，各国の監督・規制当局にとっては，会計基準設定の直接的権限を国外の機関に委ねることにつながる。つまり，自国の業界特有の事情，税制や経済風土環境を考慮すると最適と思われる会計基準を設定することが，国内の都合だけでは行えなくなることである。また，基準設定の方向性が，特定の国の利害や思惑を優先する形に偏ってしまう危険性もある。さらに，ここにいう企業側，投資者はともに国際的

図表 3-1 各国の会計基準が異なることで生じる課題

	会計基準が各国で異なった場合の現実		課題と対処策
企業 (情報発信者) (財務諸表の作成者)	国際資本市場で資金調達を行いたい企業は、自国の基準に準拠して作成した財務諸表に加えて、各国の資金調達先で要求されている会計基準に準拠した財務諸表を作成する必要がある。	⇒	各国の基準に準拠した財務諸表をそれぞれ作成する。その場合、財務諸表作成のためのコストと手間がかかる。
投資者 (情報受信者) (財務諸表の利用者)	各国の会計制度に準拠して作成・公表された財務諸表は、会計処理・表示基準が異なっているので、そのまま単純比較できない。つまり、企業間比較に問題がある。 国内企業の企業間比較には問題なし。	⇒	各国の会計基準、制度を理解した上で、それに準拠した財務諸表を読み解き、企業間の比較分析を行う。その場合、基準、制度を理解するためのコストと手間・労力が追加的に生じる。
監督・規制当局	1.自国内に生じた固有の問題に対して、経済風土に根ざした柔軟な制度的対応や自国企業の保護、そのための最適化行為が容易。 2.各国の会計制度が共通化に向かう中、自国だけが独自路線を維持すると、国外企業にとっての参入障壁になり、その結果、自国の市場、経済が閉鎖的になり、自国内の関係者の利益を阻害する要因になりうる。	⇒	1.独自路線を貫いて、自国内に生じた固有の課題解決への柔軟性を確保する。その代償として、国内企業の国際的成長を阻害する要因を抱えることになる。 2.国際的統合化路線に加わり、貢献する。その代償として、自国内に生じた固有の問題点への柔軟な制度的対応が難しくなる。

出所：山地範明『会計制度（五訂版）』同文舘出版，2011年，29-30頁を参考に筆者作成。

に活動し，連結財務諸表を作成する必要性のある上場企業とそれを活用する投資者を前提としている。そのため，活動が国内に限定されている非上場企業，特に規模の小さい中小・零細企業にとっては，身丈に合わない経理上の煩雑さを増大させるだけの制度変更にもなる。つまり，連結財務諸表の作成が不可欠である国際的に活動する多国籍企業と，個別財務諸表の作成で十分な国内中小・零細企業との間には，国際会計基準の導入に対して，利害が一

44

致しない面がある。そのために，現在のところ，中小企業は，企業会計原則を基礎とした「中小会計要領」等に準拠して財務諸表を作成する方途が用意されている。

　上述のように，国際的活動を志向する財務諸表の作成者と利用者にとっては，各国間の相互承認システムよりも国際的会計基準の完全適用の方が，コスト削減の側面，理解可能性と比較可能性を高める点からも有効な方法である。しかし，国外の活動を志向しない中小企業，そして，中小企業の保護・育成を考慮する必要がある監督・規制当局にとっては，中小企業の立場も考慮して運営する必要性があり，上場公開企業支援と中小零細企業支援の双方の観点のトレードオフの関係の立ち位置に置かれることになる。その事情は，各国それぞれに共通する課題なので，この課題解消のために，段階を経ながら，国際的会計基準の導入が模索され，一般に，調和化の時期，収斂の時期そして統合志向の時期の流れの中で国際会計基準として，すでに公表されて，今日に至っている。

2　会計基準の収斂

(1) 国際会計基準（財務報告基準），設定団体，公表基準の名称等の関係性

　国際的な会計基準は，今日，日本国内において国際会計基準としてすでに採用されている。ただし，国際会計基準を導入する場合には，国際会計基準それ自体を自国の基準として導入する完全採用（adoption）から，国際会計基準の一部分については限定的に独自基準を導入して採用する方法（修正国際基準）まで適用水準に許容幅がある。

　日本国内では，有価証券報告書で財務内容を，①日本基準に従って表示・開示する企業だけでなく，②米国基準（SEC 基準），③国際会計基準（IAS）・国際財務報告基準（IFRS）を採用している企業もある。SEC 基準とは，米国証券取引委員会（Securities and Exchange Commission：SEC）設定のルールであり，投資者保護および公正な証券取引を目的とする。会計基準としては，米国の財務会計基準審議会（FASB）の基準に準拠する。

　国際会計基準審議会（IASB）とは，国際財務報告基準財団（International

Financial Reporting Standard Foundation：IFRS 財団）に属する独立の基準設定機関である。ロンドンに本拠を置き，2001 年の 4 月に活動を開始したプライベート・セクター（民間機関）である。IASB は，公共の利益のため，一般目的の財務諸表において透明で比較可能な情報を要求する，高品質かつ世界的な会計基準の単一のセットを開発することを公約している。また，IASB は，世界各国の会計基準の収斂・統合を達成するために各国の会計基準設定主体と連携を図っている。IASB は，国際財務報告基準（IFRS）や公開草案などの作成・公表と，解釈指針の承認が主な役割である。IFRS は，IASB が 2003 年以降に公表した会計基準の呼称である。それ以前に公表済の会計基準は国際会計基準（IAS）で IAS という。

IAS は，国際会計基準審議会の前身である国際会計基準委員会（International Accounting Standards Committee：IASC）が公表済みの基準である。現在に至る会計基準の国際的調和化，統合化の流れは，この 1973 年に創設された国際会計基準委員会（IASC）による IAS の公表を起点としてきたといえる。IASC の設立当初の目的は，各国の会計基準間に存在する差異の程度を可能な限り縮小させて，国際的な比較可能性を高めることにあった。調和化という表現は，各国会計基準間の差異を解消する方向性に向かいながらも，差異が残ることも容認されていた一過程の段階の意味で用いられている。

IAS と IFRS を厳密に使い分ける必要性がある文脈がある場合を除いてIAS と IFRS の両方を総称して国際会計基準と表現したり，あるいは逆に，両方を総称して国際財務報告基準と表現したりする場合が多い。国際会計基準を採用している企業の多くは，有価証券報告書の中で，国際会計基準として表記している例が多い。

上述のように，日本国内では，日本基準，米国基準および国際会計基準を中心とした 3 つの基準体系が並存する状況にある。またさらに，エンドースメントされた IFRS（日本版 IFRS，「修正国際基準」，JMIS ともいう）として，国際会計基準の一部を独自基準に修正して適用する可能性も取り入れてきた。それは，日本の立場を IASB に発信・誘導していく発言権確保の方策

である。また，個別財務諸表に適用する基準については，税法との関係をはじめ国内法規との調整がより細かく要求されること，また中小零細企業にとって，その導入の適否を見極める必要性があること等の理由により，連結基準の国際統合よりも遅れることになったとしても，慎重に判断するという方向性で，会計基準の国際化に対応して今日に至っている。

(2) 会計基準の完全適用（Adoption）への進展と停滞の動き

　日本国内では，企業会計基準委員会（ASBJ）作成の会計基準，例えば，「収益認識基準」（2018年公表）等にみられるように，徐々に国際会計基準と国内基準との差異を解消する方向，つまり統合化の水準を高める方向に向かっている。

　これに対して，統合化を減速させている動きもみられる。例えば，米国財務会計基準審議会（FASB）とIASBの共同プロジェクトの停止である。2002年，FASBとIASBが基準を収斂・統合させることで合意したノーウォーク合意以降，両審議会がいくつかの共同プロジェクトを立ち上げて，基準等の開発に共同で着手してきた経緯がある。しかし，その共同作業を中止したプロジェクトが生じている。例えば，概念フレームワーク（「財務諸表の作成表示に関する枠組み」）の改訂作業がこれに該当する。概念フレームワークについては，以下の第4節「概念フレームワーク」で説明する。

(3) 会計基準の収斂への動き

　IASCおよびIASB，米国や欧州（ヨーロッパ）における会計に関するこれまでの動きの要点を示すと，図表3-2のようになる。

3　会計基準の統合化へ向かう新たな方法─演繹的方法の登場─

　会計基準の設定の仕方には，帰納的方法と演繹的方法の2つの方法がある。帰納的方法は，現実の会計実務や会計慣行を観察し，その中から基本的なものを帰納抽出することによって，会計基準を設定していく方法である。「企業会計の実務の中に慣習として発達したものの中から，一般に公正妥当

図表3-2 IASC および IASB，米国，欧州における会計基準収斂の動き

1930年代	「一般に認められた会計原則（Generally Accepted Accounting Principles：GAAP）」の用語が普及し始める。
1933年 1934年	米国で株式発行時の投資者保護を規定した「証券法」が成立。 米国で株式流通時の投資者保護に関する「証券取引法」が成立。
1938年	米国で「SHM会計原則」公表（「企業会計原則」制定に影響）。
1973年	職業会計士団体が中心となって国際会計基準委員会（IASC）設立。米国で財務会計基準審議会（FASB）設立。会計基準の「調和化」の始まり。
1987年	証券監督者国際機構（IOSCO）が国際会計基準委員会（IASC）に諮問グループメンバーとして参加し，会計基準の国際的統一化のための第一歩として「比較可能性プロジェクト」を開始。
1989年	国際会計基準委員会（IASC）がE32「財務諸表の比較可能性」を公表し，既存の国際会計基準（IAS）に存在した会計処理の選択肢の大幅な削除を提案。（収斂・統合化：コンバージェンスの起点）。 IASCが「財務諸表の作成と表示に関する枠組み」概念フレームワークを公表。
2000年	欧州委員会は，2005年までに国際会計基準を域内のすべての上場会社に適用する方針を公表。
2001年	国際会計基準委員会（IASC）が国際会計基準審議会（IASB）に組織改編。以降，公表会計基準がIASからIFRS（財務報告基準）となる。
2002年	米国財務会計基準審議会（FASB）と国際会計基準審議会（IASB）が基準を収斂・統合させることで合意（ノーウォーク合意）。
2005年	欧州証券規制当局委員会（Committee of European Securities Regulation：CESR）がEU同等性評価を行い，日本基準に対して26項目の差異を指摘。 米国SECは，2009年までに国際会計基準に収斂させることでEUと合意。
2006年	FASBとIASBの2008年までの共同作業を提示した覚書（MOU）の公表。
2007年	日本基準と国際財務報告基準（IFRS）のコンバージェンスを加速化することの合意（東京合意）。EUが，EU内で使用できる会計基準に関し，第三国に2011年末までに各国会計基準のIFRSへのコンバージェンスを要求。 米国でSECに登録している外国会社にIFRSの適用を認める。
2008年	欧州委員会（CESR）が，日本基準，米国基準について，EUで採用されているIFRSと同等であると評価（EUの同等性評価の獲得）。
2009年	国際会計基準審議会（IASB）が「中小企業のためのIFRS」を公表。

出所：「会計基準の国際化を巡る現状について」中小企業庁，2010年，6-7頁を参考に筆者作成。

と認められるところを要約したもの」という表現に代表されるように，近年までわが国を含めた世界各国の会計基準を設定する際に用いられてきた方法である。慣習規範の領域において，「一般に認められた会計原則（GAAP）」と表現されるものであり，「企業会計原則」がその最たるものである。

　演繹的方法は，企業会計が果たすべき一定の仮定や目的を最初に規定し，これらの仮定や目的と論理的に最も首尾一貫するように，具体的な会計処理の方法を導き出していく方法である。例えば，以下の第4節で説明するFASB概念フレームワークの体系のように，「会計目的→会計情報の質的特性→財務諸表の構成要素の定義→認識・測定規準（基準）」をまず基礎概念（高次概念ないしメタ基準）として体系的に設定し，この基礎概念の体系の下に首尾一貫させて，個々の会計基準レベルで相互に矛盾がないように整合的に会計基準を設定しようとするものである。

　現在の収斂・統合化の進展をみる場合にも，各国の個別基準レベルで国際会計基準との差異の解消が進展していく状況を追跡することも重要であるが，概念フレームワークと呼ばれる個々の基準を統括する立場に該当して，基準のメタ基準と呼ばれる領域が，中長期的には大きな影響を及ぼす可能性がある点に留意する必要がある。そして，今後国際会計基準の設定状況をみていく場合には，利害調整の形を通して各国の会計実務を集約していくという個々の会計基準開発の帰納的方法の側面と，概念フレームワークを基点とした演繹的方法によって個々の会計基準が開発されていく側面の両方の観点で理解する必要がある。ただし，概念フレームワークそれ自体の開発にも，各国関係者からの意見を反映，集約を経て確定に至る（デュー・プロセスという）帰納的側面もある。

第3節　わが国における IFRS 適用の状況

1　会計の国際的統合に関する監督・規制当局の動向の要点

　統合化に関する規制当局の国内動向を示すと，図表3-3のようになる。

図表3-3　日本における会計基準統合化への変遷

2007年	東京合意：日本基準とIFRSとの共通化作業の加速化の開始。
2008年	欧州委員会（CESR）が，日本基準について，EUと同等性評価。
2009年	企業会計審議会企画調整部会が「我が国における国際会計基準の取扱いについて（中間報告）」を公表。 要点1. 任意適用：2010年3月期（年度）から上場企業の連結財務諸表に，任意適用を容認。 要点2. 将来的な強制適用の是非：強制適用の是非の判断時期は2012年を目途とする。対象は，上場企業の連結財務諸表が適当。
2010年	わが国におけるIFRSの任意適用開始。
2012年	企業会計審議会が「国際会計基準への対応のあり方についてのこれまでの議論（中間的論点整理）」を公表。 要点.「連単分離」：連結は国際対応推進，個別は国内事情の優先を確認。
2013年	企業会計審議会が「国際会計基準（IFRS）への対応のあり方に関する当面の方針」を公表。 要点1. IFRSの強制適用の是非等は，判断すべき状況にないとして先送り。 要点2.「連単分離」の維持継続と「任意適用」要件の緩和。 要点3. 4つの基準の並存を容認：（日本基準，米国（SEC）基準，ピュアIFRS，エンドースメントされたIFRS：日本版IFRS）。

2　IFRS採用企業数の趨勢

　日本取引所グループは，「会計基準の選択に関する基本的な考え方」の開示内容の分析を2022年7月22日付で公表している。その資料では，①IFRS適用済会社数，②IFRS適用決定会社，③IFRS適用予定会社を含めた合計会社数等を公表している。その推移は，**図表3-4**のとおりである。一部上場企業に占めるIFRS採用企業は，年々増加傾向にある。

　また，日本取引所は，東京証券取引所「①IFRS適用済会社」，「②IFRS適用決定会社」，「③IFRS適用予定会社」の時価総額ベースに基づく現況についても公表している。これは企業規模が大きい会社のIFRSの採用度合いの判断に有用である。2022年7月22日現在公表の資料によれば，その合計は315兆円である。東証上場会社（プライム，スタンダード，グロース）の時価総額（700兆円）に占める割合は，①IFRS適用済会社311兆円（247社）：44.4％，②IFRS適用決定会社4兆円（12社）：0.6％，および③IFRS

図表3-4　IFRS適用済企業数，東証一部上場数およびIFRS採用比率

年数, 比率	2014	2015	2016	2017	2018	2019	2020	2021	2022
IFRS採用済企業数	27	61	85	125	161	198	213	226	247
市場一部上場企業数	1,858	1,934	2,002	2,062	2,128	2,160	2,186	2,182	2,176
IFRS採用済企業比率	1.45	3.15	4.25	6.06	7.57	9.17	9.74	10.36	11.35

出所：日本取引所グループ公表資料をもとに筆者作成。

適用予定会社1兆円（5社）：0.1％である。これに④IFRS適用に関する検討を実施している会社91兆円（155社）：13.0％を加えると，58.1％の企業がIFRS採用に動いている。国際会計基準が実業界でも実際に受容されており，統合化の方向へ向かっていることがわかる。

第4節　概念フレームワーク

1　基礎概念レベルにおける国際的統合化の意義

(1) 米国FASB公表の概念フレームワークの重要性

　FASBは，米国における会計基準設定を行うためのプライベート・セクターである。このFASBは，1978年から1985年にかけて6つの「財務会計概念報告書（Statement of Financial Accounting Concepts：SFAC）」（概念フレームワーク）を公表している。その内容は，次のとおりである。

　① SFAC第1号「営利企業の財務報告の基本目的」（1978年11月）

　② SFAC第2号「会計情報の質的特性」（1980年5月）

　③ SFAC第3号「営利企業の財務諸表の構成要素」（1980年12月）

　④ SFAC第4号「非営利組織体の財務報告の基本目的」（1980年12月）

　⑤ SFAC第5号「営利企業の財務諸表における認識と測定」（1984年12月）

　⑥ SFAC第6号「財務諸表の構成要素」（1985年12月）

　※第6号は，第3号，第4号の差替版であり，その後，第7号，第8号も

公表されている。

　この一連の文書は，大きく 2 つの意味で重要である。

　第 1 に，この一連の財務会計概念報告書（SFAC）は，個々の会計基準の計算システムについて，基準間で矛盾が生じないように，首尾一貫性をもたせるための機能（はたらき）と構造（しくみ）を提示する指針（メタ基準），あるいは土台・基礎となる役割を担うものである。具体的には，財務報告の一般目的，構成要素の定義，認識，測定および表示等の諸概念を確立することを目的としている。「企業会計原則」と同様に，個々の会計基準の土台となる役割を担うという意味で重要である。

　第 2 に会計システムとして，「損益計算書重視の計算システム」と「貸借対照表重視の計算システム」の 2 つの会計観の対比を前提として，これまでの「損益計算書重視の計算システム」から「貸借対照表重視の計算システム」へ転換を図る起点となったという意味でも重要な文書である。

　米国における 6 つの SFAC の公表が契機となって，演繹的方法によって同様の概念フレームワークを土台とした個々の会計基準が各国・機関で設定されていくという方法が始まったといえる。つまり，FASB 概念フレームワーク設定プロジェクトは，**収益費用アプローチ（収益費用観）**と**資産負債アプローチ（貸借対照表観）**と呼ばれる 2 つの会計観を提示して，その後の各国の基準開発に大きな影響を与えてきたということでもその資料の重要性が指摘されている。

　収益費用アプローチ（収益費用観）と資産負債アプローチ（貸借対照表観）を簡単化して表現すると，それは損益計算書と貸借対照表の構成要素の数値の結びつき方を，損益計算書項目（収益，費用）優先の論理で行うのか，貸借対照表項目（資産，負債，純資産）優先の論理で行うのかを峻別して表現したものである。損益計算書と貸借対照表の 2 つの計算書のうち，重要性の優先順位をどちらに置くかを示す表現である。

（2）IASC の概念フレームワークから IASB の概念フレームワークへの改定

　IASB の前身の IASC もこの FASB の流れを受けて，1989 年に「財務諸表の作成表示に関する枠組み（Framework for the Preparation and Presentation of Financial Statements）」（IASC 概念フレームワーク）を公表した。IASC の概念フレームワークは米国の FASB の概念フレームワークに近いものであったが，FASB と IASB の間にもその内容を細かくみれば，多数の相違点があり，これらの相違点を解消すべく，2004 年に概念フレームワークの統合に向けた共同プロジェクトがスタートし，その後，FASB と IASB の共同プロジェクトは中断されたが，IASB は単独で公開草案（2008 年，2010 年）を公表し，2010 年に「財務報告に関する概念フレームワーク 2010」として結実させている。

　さらにその後，「討議資料　財務報告に関する概念フレームワークの見直し」を 2013 年 7 月に公表，2015 年 5 月の「公開草案　財務報告に関する概念フレームワーク」の公表を経て，2018 年 3 月に改訂版「財務報告に関する概念フレームワーク」として改定作業を結実させている。

2　IASB の概念フレームワークにおける目的と財務諸表の構成要素

（1）IASB の概念フレームワーク（2018 年）における一般目的

　財務報告の目的における規定の要点は，図表 3−5 のとおりである。

　一般目的財務報告の目的の規定から，利害関係者（ステークホルダー）とのかかわりを中心にみると，その特徴は次のとおりである。

　第 1 に，「一般目的財務報告の目的」を起点として，その他の規定が導かれる関係にあること。（項目 .1.1）

　第 2 に，投資者，融資者及び他の債権者といった資金提供者の意思決定を行う際に有用な財務情報を提供することを目的としていること。（項目 .1.2）

　第 3 に，「投資者，融資者及び他の債権者の多くは，情報提供を企業に直接に要求することができず」の表現にみられるように，特に，不在株主，浮動株主への情報提供を重要視していること。（項目 .1.2）

　第 4 に，「他の関係者（規制者や，投資者，融資者及び他の債権者以外の

図表 3 - 5 一般目的財務報告の目的

「一般目的財務報告の目的は，「概念フレームワーク」の基礎を構成する。「概念フレームワーク」の他の諸側面（有用な財務情報の質的特性及びコストの制約，報告企業概念，財務諸表の構成要素，認識及び認識の中止，測定，表示及び開示）は，当該目的から論理的に生じるものである。」（項目 .1.1）
「一般目的財務報告の目的は，現在の及び潜在的な投資者，融資者及び他の債権者が企業への資源の提供に関する意思決定を行う際に有用な，報告企業についての財務情報を提供することである。それらの意思決定は，以下に関する意思決定を伴う。 (a) 資本性及び負債性金融商品の購入，売却又は保有 (b) 貸付金及び他の形態の信用の供与又は決済 (c) 企業の経済的資源の利用に影響を与える経営者の行動に対して投票を行うか又は他の方法で影響を与える権利の行使」（項目 .1.2）
「現在の及び潜在的な投資者，融資者及び他の債権者の多くは，情報提供を企業に直接に要求することができず，必要とする財務情報の多くを一般目的財務報告書に依拠しなければならない。したがって，彼らは一般目的財務報告書が対象とする主要な利用者である。」（項目 .1.5）
「他の関係者（規制者や，投資者，融資者及び他の債権者以外の人々）も，一般目的財務報告書を有用と考える場合がある。しかし，一般目的財務報告書は当該他のグループを主たる対象とはしていない。」（項目 .1.10）

人々）も，一般目的財務報告書を有用と考える場合がある。しかし，一般目的財務報告書は当該他のグループを主たる対象とはしていない。」の表現にみられるように，企業にカネの側面で貢献する利害関係者以外の利害関係者を，情報提供先として重要視していないこと（項目 .1.2）。

　上記のことから，国際資本市場で，報告企業の拠点と物理的に離れて存在しているために，報告企業へのアクセスが制限されている資金提供者グループへの情報提供に特化している点が特徴といえる。

(2) IASB の概念フレームワーク（2018 年）における財務諸表の構成要素

　一般に，簿記上の取引要素として，資産，負債，資本（純資産，持分），収益，および費用の増減要素，取引要素が挙げられ，これらの結びつきで複式簿記の機能の一端が説明される。概念フレームワーク（2018 年）においても資産，負債，持分（日本の場合，表示上は「純資産」となっている），

収益および費用で構成されているので，複式簿記の基本機能と結びつけての理解が容易である。

　これに対して，FASB概念フレームワークである上記の⑥SFAC第6号「財務諸表の構成要素」（1985年12月）では，財務諸表の構成要素として，以下の10の要素を挙げている。

　「資産（assets），負債（liabilities），持分または純資産（equity or net assets），出資者による投資(investments by owners)，出資者への分配(distributions to owners)，包括利益（comprehensive income），収益（revenues），費用（expenses），利得（gains），損失（losses）」（pars.24-89）

　上記のように，SFAC第6号では，10の構成要素である。投資者（出資者）との顛末に至るところまでを捕捉対象として重視している内容である。これは，FASBとIASBの両フレームワークの1つの相違点である。

　IASBにおける財務諸表の構成要素は，**図表3-6**のとおりである。

図表3-6　概念フレームワーク（2018年）における財務諸表の構成要素

	構成要素	定義または記述
経済的資源（Economic resource）	資産（Asset）	過去の事象の結果として企業が支配している現在の経済的資源。 経済的資源とは，経済的便益を生み出す潜在能力を有する権利。
請求権（Claim）	負債（Liability）	過去の事象の結果として企業が経済的資源を移転する現在の義務。
	持分（Equity）	企業のすべての負債を控除した後の資産に対する残余持分（Residual interest）。
財務業績（資源および請求権の変動）	収益（Income）	持分の増加を生じる資産の増加又は負債の減少（持分請求権の保有者からの拠出に関するものを除く）。
	費用（Expenses）	持分の減少を生じる資産の減少又は負債の増加（持分請求権の保有者への分配を除く）。
資源および請求権のその他の変動	―	持分請求権の保有者からの拠出及び当該保有者への分配。
	―	持分の増加又は減少を生じない資産または負債の交換。

構成要素間の関係性を理解するためには，その構成要素の数値の結びつき方を，貸借対照表項目（資産，負債，持分）の金額を「その時点（決算時点）の現実に近づけるための論理」で行うのか，それとも損益計算書項目（収益，費用）の「収益とそれに関連する費用の対応（費用収益対応の原則）の論理で行うのかについて，その優先順位を理解することが重要である。

第 4 章

資産の意義と評価

第 1 節　資産概念の意義と変遷

1　静態論と動態論

　簿記の学習において，資産を「プラスの財産」ないし「積極財産」と学んだ人は多いであろう。企業がこれらを所有することで現在ないし将来プラスの効果（これを経済的便益と呼ぶ）をもたらし，かつ，貨幣額によって合理的に測定できるのが会計上の資産である。それゆえ，会計上は，貨幣額で測定できないものは資産とはいわない。

　資産概念は，時代の変化に伴い変遷をとげてきた。日本の会計制度は米国の会計制度を参考に発展してきたという関係を踏まえ，米国における資産概念の変遷からこのテーマについて言及していきたい。はじめに，米国において 19 世紀中頃から 1920 年代において，資産についてどう考えられていたかをみていくことにする。この時代は，証券市場が十分に発達せず，企業が生産手段の資金調達を金融市場または銀行資本に依存していたため，企業の支払能力または財務的健全性を明らかにするための貸借対照表重視の会計が展開された。財産法ないし静態論的会計の時代といわれている。この時期においては，企業の支払能力や財務健全性が重視されるため，金銭債権および換金能力を有するその他の財産のみが資産と考えられていた。

　1930 年代に入ると，近代的な機械生産の大規模化とそれに伴う固定設備の増大，設備投資に係る長期資金の需要の増大，株式発行による自己資本の調達が広く行われることになり，長期資金の提供者たる投資者保護目的の会計および課税所得計算目的の会計が重視される。これらの目的を果たすに

は，会社の財産や債務弁済能力よりも収益力を明らかにするための損益計算書重視の会計が重要となる。それゆえ，**損益法ないし動態論的会計の時代**へと入ることになる。動態論的会計の時代においては，換価価値のない財産であっても，将来の収益獲得に貢献するものは，すべて資産と捉えられるようになる。第8章で言及される，換価価値のない繰延資産の資産性は，動態論的会計の時代において認められることになる。

　1960年代後半を契機に現代において，動態論的会計思考における資産概念が支配的かというとそうではない。現在支配的な資産概念の定義を考える上で重要な会計観として，**収益費用アプローチ**と**資産負債アプローチ**がある。次にその点に言及を加えることにする。

2　収益費用アプローチの資産概念と資産負債アプローチの資産概念

　収益費用アプローチと資産負債アプローチの考え方は，米国において議論され，その後国際会計基準等諸外国において議論されるようになった会計観である。収益費用アプローチは，収益および費用がはじめに決まり，その後資産および負債が決まる，損益計算書重視の会計観である。一方，資産負債アプローチは，資産および負債がはじめに決まり，その後，収益および費用が決まる，貸借対照表重視の会計観である。情報化社会，高度に金融経済化した現代において，動態論的会計思考における資産概念では説明できない資産（例えば，第5章で説明される金融資産）が登場しており，資産負債アプローチにシフトしてきているといわれている。現在支配的な資産概念は，概念フレームワーク等で定義された「過去の取引または事象の結果として，ある特定の実体により取得または支配されている，発生の可能性の高い将来の経済的便益」であり，この定義に合致する資産が貸借対照表に計上される。

第2節　資産の評価原則

1　資産の分類

　企業会計において，資産を①**流動資産**と**固定資産**，②**貨幣性資産**と**費用性資**

産，③金融資産と事業資産に分ける考え方がある。①の分類は資産の形態に着目した分類であり，②の分類は資産の機能に着目した分類であり，③の分類は企業資金の運用形態に着目した分類である。2022年度から適用される契約資産についてもここで言及しておくことにする。

（1）流動資産と固定資産

　流動資産と固定資産の分類において用いられる考え方には，**正常営業循環基準**と**1年基準**がある。正常営業循環基準とは，資産のうち当該企業の主たる営業取引過程（仕入活動⇒製造・販売活動⇒資金回収活動⇒仕入活動）にある資産は，現金化される期間が1年を超えることがあってもすべて流動資産とする考え方である。これに対して，1年基準とは，貸借対照表日（決算日）の翌日から起算して，1年以内に回収期限が到来するもの，1年以内に費用化するものを流動資産とし，1年を超えて回収期限の到来するもの，1年を超えて費用化するものを固定資産とする考え方である。

（2）貨幣性資産と費用性資産

　資産を期間損益計算の観点から分類したものであり，資産の機能的な属性に着目した分類である。「貨幣性資産」とは，売掛金や受取手形のように，販売を経て資金回収過程にある項目，および，余剰資金の運用としての保有株式や貸付金など，最終的に収入となって貨幣を増加させる資産のことをいう。これに対して，「費用性資産」とは機械や商品のように生産・販売を経て最終的に費用となる資産のことをいう。この分類に基づくと，繰延資産は費用性資産に分類される。

（3）金融資産と事業資産

　この分類は，企業資金の運用形態に着目した分類である。「金融資産」とは，企業の金融活動に投資した資産のことで，ここでいう金融活動とは，市場価格の値上がりを期待した余剰資金の短期的な運用のことを指す。金融資産について詳しくは第5章で取り上げる。一方，「事業資産」とは，企業の

事業活動に投資した資産のことで，ここでいう事業活動とは，生産や販売活動のことである。この分類では，「事業資産」は「金融資産」を除くほとんどの資産が該当する。

（4）契約資産

契約資産とは，新収益認識基準において新たに出てきた定義である。契約資産は次のように定義される（収益認識基準 77 項）。

「顧客から対価を受け取る前又は対価を受け取る期限が到来する前に，財又はサービスを顧客に移転した場合は，収益を認識し，契約資産又は顧客との契約から生じた債権を貸借対照表に計上する。」

詳しい運用方法は，第 11 章の損益会計で説明することとする。

2　資産の評価原則

企業は，購入市場と販売市場の 2 つの市場と関係をもって経済活動を営んでいる。企業は，購入市場で取得した原材料・労働力・生産設備等を利用して，財貨・サービスを生み出し，それらを販売市場で販売することで利益を獲得する。

企業は，購入市場または販売市場で成立する価格に基づいて資産の評価を行わねばならない。ここでは，資産の評価原則について説明する。

購入市場・販売市場において，資産評価の観点からは，少なくとも，(a) 企業が資産を取得した過去の価格，(b) 資産評価が行われる現在の価格，(c) 企業が資産を売却する将来の価格が想定できよう。想定できる 4 通りの資産評価基準の位置付けを示すと**図表 4-1** のとおりとなる。各評価基準の

図表 4-1　資産評価の諸基準

市場・時点	過去	現在	将来
購入市場	歴史的原価 （取得原価）	取替原価	
販売市場		正味売却価額	将来キャッシュ・フローの割引現在価値

説明は以下のとおりである。

①歴史的原価（取得原価）

　過去における資産の取得時における購入市場での価格である。

②取替原価

　現在，その資産を取得した場合の購入市場での価格であり，企業が保有中の資産を現在再調達した場合の価格である。

③正味売却価額

　販売市場における現在の市場価格。

④将来キャッシュ・フローの割引現在価値

　企業が保有資産を利用して生み出した財を予想し（これを将来キャッシュ・フローという），それを現在の価格に換算するために適当な利子率で割り引いた評価額。

　用いた評価額で異なる影響を利益計算にもたらすので，次節では，数値例を用いて，資産の評価原則と利益計算の関係を考えてみる。

3　資産評価と利益計算

　まずは，次の設例をみてみよう。

設例1

　次のような条件の下で，現金取引で第1期にある商品を仕入れ第3期に販売したとする。当該商品を，1）取得原価，2）取替原価，3）正味売却価額で評価した場合について仕訳をしなさい。

	第1期（仕入）	第2期（保有）	第3期（販売）
購入市場	100円	120円	140円
販売市場	200円	210円	220円

解答

1）取得原価を採用した場合

　第1期　（借）商　　　　品　　100　（貸）現　　　　金　　100

第2期　仕訳なし

第3期　（借）現　　　　　　金　220　（貸）売　　　　　　上　220
　　　　（借）売　上　原　価　100　（貸）商　　　　　　品　100
利益：売上高（220）－売上原価（100）＝120

2）取替原価を採用した場合
　　第1期　（借）商　　　　　　品　100　（貸）現　　　　　　金　100
　　第2期　（借）商　　　　　　品　 20　（貸）保　有　利　得　 20
　　　　　　※　第2期で保有利得として20が計上される。
　　　　　　（借）現　　　　　　金　 20　（貸）保　有　利　得　 20
　　第3期　（借）現　　　　　　金　220　（貸）売　　　　　　上　220
　　　　　　（借）売　上　原　価　140　（貸）商　　　　　　品　140
　利益：売上高（220）－売上原価（140）＝80

3）正味売却価額を採用した場合
　　第1期　（借）商　　　　　　品　200　（貸）現　　　　　　金　100
　　　　　　　　　　　　　　　　　　　　購　買　利　得　100
　　　　　　※　第1期で購買利得として100が計上されるのが特徴。
　　第2期　（借）商　　　　　　品　 10　（貸）保　有　利　得　 10
　　　　　　※　第2期で保有利得として10が計上される。
　　第3期　（借）商　　　　　　品　 10　（貸）保　有　利　得　 10
　　　　　　（借）現　　　　　　金　220　（貸）売　　　　　　上　220
　　　　　　（借）売　上　原　価　220　（貸）商　　　　　　品　220
　　　　　　※　第3期でも保有利得として10が計上される。

　設例をもとに1）取得原価，2）取替原価，3）正味売却価額についてより深めていくと同時に，4）将来キャッシュ・フローの割引現在価値について説明し，最後のまとめとして，5）現在の資産評価基準について簡単に言及する。

（1）取得原価

　取得原価は，購入市場で資産が取得された過去時点での支出額による評価基準であり，過去の事実に基づくという観点から歴史的原価とも呼ばれる。

　取得原価で資産が取得される場合，資産が販売市場で販売されるまで収益は計上されない。それゆえ，取得原価基準は現行の収益認識基準と整合的な評価基準である。

　資産の取得原価は，契約書・送り状・支払記録等の証拠に基づき，客観的に測定することができる。また，支払額に基づいているため株主や債権者から受け入れた資金の顚末を明らかにしている点で，受託責任や会計責任の明示に役立つという特徴がある。

　ただ，取得原価基準においては，資産保有中の価格変動が売却時点まで認識されないため，貸借対照表上に計上された資産額が時価から著しく乖離してしまうおそれがある。また，利益計算に際して計上される売上原価や減価償却費は取得に基づいて計上されるため，現在の物価水準を反映した収益と過去の取得原価を基礎とする費用が対応付けられるという結果になる。

(2) 取替原価

　取替原価は，保有中の資産と同じものを現在の購入市場で取得して取り替えるのに要する支出額である。現時点での資産の再調達を仮定した場合の評価額なので再調達原価とも呼ばれる。物価の上昇時，現在の物価の収益に対応するのは，再調達原価であるという考えから登場した評価基準である。

　設例1からわかるように，取替原価が採用されると，資産は購入市場での価格変動に伴い再評価されて保有損益が計上される。設例1における第2期に計上されている保有利得の20円がこれである。この評価基準には，市場が存在しない中古資産等に代表されるように，取替原価の評価には主観が入りやすいため，主に低価法の適用に限定されている。

(3) 正味売却価額

　正味売却価額は，資産の現在の売価から販売費などの付随費用を控除して求められる。正味売却価額が採用されると，資産はその取得時点でただちに販売市場の価格で評価されるため取得に要した支出額との差額が販売時点での購買利得として認識される。設例1における第1期の購買利得100円がそ

れである。第 2 期以降，資産保有中の販売市場の価格変動も損益として認識する。設例 1 における第 2 期の保有利得の 10 円と第 3 期の保有利得の 10 円がそれである。実際の販売が行われるまでに利益がすでに認識されるため，第 3 期の商品の販売時の利益は計上されない。

　正味売却価額に基づく資産評価の下では，貸借対照表は企業資産の換価価値を示し，また，損益計算書は換価価値の変動を示すことになる。

　この評価基準を採用した場合，特に，企業が売却を予定しない資産まで販売市場で評価することになり，継続企業を前提とする現代の企業会計において現実的とはいえないであろう。

　将来キャッシュ・フローの割引現在価値について言及する前に，設例 1 からわかる 3 つの評価基準の特徴について小括しておこう。取得原価，取替原価，正味売却価額のいずれの評価基準を採用しても，第 1 期〜第 3 期のトータルの利益額は 120 円となる。どの評価基準を採用するかで，利益認識のタイミングが異なってくる点に特徴があるといえよう。

(4) 将来キャッシュ・フローの割引現在価値

　将来キャッシュ・フローの割引現在価値とは，正常な営業過程において資産が換金されると予想される将来キャッシュ・インフローの現在価値から，当該キャッシュ・インフローを獲得するために必要なキャッシュ・アウトフローの現在価値を控除したものである。割引現在価値には，(a) 将来キャッシュ・フローの予測には著しい不確実がある，(b) 割引計算に用いる利子率の適切な選択と測定は不可能である，といった 2 つの限界があるため，実際に会計上利用できる事例は限定される。具体的な適用事例は当該事例が出てきたときに学んでもらいたい。

(5) 現在の資産評価基準

　各種の資産評価基準のうち，わが国の現行の会計基準は，取得原価を基礎とした混合測定モデルを採用している。

　企業が保有する資産のうち，生産や販売などの企業活動に用いる資産につ

いては，取得原価が原則的な基準として採用される。企業会計原則におい
て，「貸借対照表に記載する資産の価額は，原則として，当該資産の取得原
価を基礎として計上しなければならない」と示されている。一方，金融商品
については，現在の市場価格を中心とした時価で評価される。例えば，売買
目的有価証券については「時価をもって貸借対照表価額とし」（金融商品基
準15項）と示されている。前述の取替原価や正味売却価額は，市場価格を
基礎としているため時価であるが，合理的に算定できる場合には将来キャッ
シュ・フローの割引現在価値も適用可能である。

　このように，資産の性格によって評価基準は使い分けられているが，その
真意は，余剰資金の運用の結果として企業が資産を保有する場合は，だれに
とっても市場価格に等しいだけの価値を有しており，市場価格での容易な売
却が可能であり，市場での売却以外に投資の目的を達成する方法もないの
で，これらの資産に対しては市場価格を中心とした時価で評価することが適
切であるという点があげられよう。

　一方，原材料や機械といった資産については，もともと時価変動による利
益獲得を目的として保有されているわけではなく，転売してしまえば企業活
動に大きな影響が生じる。また，これらの資産の価値はだれがどんな目的で
保有するかによっても異なる。仮に，時価の上昇を見込んで企業が資産保有
しているとしても，それは企業の期待に過ぎず，必ずしも期待どおりに達成
される保証はない。それゆえ，このような資産は，使用を通じて生み出され
た財・サービスの市場で販売され，企業が意図した価値が実現するまでは取
得原価で評価しておくことが要請されるのである。

　取得原価で評価された棚卸資産や有形固定資産といった資産は，いったん
資産計上された後，その費消に応じて各事業年度の費用として配分されてい
き，この処理は原価配分の原則と呼ばれている。資産の種類別の具体的な評
価基準と会計処理は，第5章以降で学ぶ。

第 **5** 章

金融資産会計

第 1 節　金融資産の意義と金融商品の分類

　「金融商品に関する会計基準」（以下，金融商品基準）は，①内外の広範な投資者の国内証券市場への投資参加を促進し，②投資者が自己責任に基づきより適切な投資判断を行うこと，および企業自身がその実態に即したより適切な経営判断を行うことを可能にし，③連結財務諸表を中心とした国際的にも遜色のないディスクロージャー制度を構築することを目的に設定されたものである（金融商品基準 49 項）。

　金融商品基準によれば，**金融資産**とは，現金預金，受取手形，売掛金および貸付金等の金銭債権，株式その他の出資証券および公社債等の有価証券ならびに先物取引，先渡取引，オプション取引，スワップ取引およびこれらに類似する取引（以下，**デリバティブ取引**）により生じる正味の債権等をいう（同 4 項）。それを本来的金融資産と派生的金融資産とに分類すれば，**図表 5 -1** のように示される。

図表 5 - 1　金融資産の分類

本来的金融資産	派生的金融資産
(1) 現金預金	(1) 次のデリバティブ取引から生ずる正味
(2) 金銭債権	の債権
① 受取手形	① 先物取引
② 売掛金	② 先渡取引
③ 貸付金	③ オプション取引
(3) 株式その他の出資証券および公社債等	④ スワップ取引
の有価証券	

金融資産の範囲には，複数種類の金融資産が組み合わされている複合金融商品も含まれる。また，現物商品（コモディティ）にかかわるデリバティブ取引のうち，通常差金決済により取引されるものから生じる正味の債権についても，金融商品基準に従って処理する（同注1）。

第2節　時価の概念

金融資産の評価については，第4節で詳しく説明するが，日本では，金融商品基準等において，時価（公正な評価額）の算定が求められている。ここでいう時価の算定方法については，企業会計基準第30号「時価の算定に関する会計基準」（以下，時価算定基準）等に規定されている。

なお，IFRS および米国基準においては，公正な評価額について「公正価値」という用語が用いられているが，時価算定基準では，他の関連諸法規において「時価」が広く用いられているため，「時価」という用語が用いられている。

日本では，金融商品やトレーディング目的で保有する棚卸資産において，時価評価が求められているが，時価算定基準が公表されるまでは，その算定方法に関する詳細な規定は定められていなかった。一方，IASB および FASB は，公正価値測定に関してほぼ同じ内容の詳細なガイダンスを定めている（IFRS においては IFRS 第13号「公正価値測定」，米国基準においては Accounting Standards Codification（FASB による会計基準のコード化体系）の Topic 820「公正価値測定」）。これらの国際的な会計基準との比較可能性を向上させるために，ASBJ は，IFRS 第13号の定めを基本的にすべて取り入れる方針のもとで，2019年7月に時価算定基準等を公表し，2021年4月1日以後開始する連結会計年度および事業年度の期首から適用が開始されている。

時価算定基準によれば，時価とは，算定日において市場参加者間で秩序ある取引が行われると想定した場合の，当該取引における資産の売却によって受け取る価格または負債の移転のために支払う価格をいう（時価算定基準5項）。ここでいう時価は，資産の取得または負債の引き受けのために支払う

価格（入口価格）ではなく，資産の売却または負債の移転のために支払う価格（出口価格）であることに注意する必要がある。

　時価の算定にあたっては，インプットと評価技法が用いられる。インプットとは，市場参加者が資産または負債の時価を算定する際に用いる仮定をいい，入手できる観察可能な市場データに基づく「観察可能なインプット」と，観察可能な市場データではないが，入手できる最良の情報に基づく「観察できないインプット」により構成される（同4項(5)）。

　また，状況に応じて，十分なデータが利用できる評価技法が用いられる。評価技法を用いるにあたっては，関連性のある観察可能なインプットを最大限利用し，観察できないインプットの利用を最小限にする。時価の算定に用いる評価技法には，マーケット・アプローチやインカム・アプローチがあり，いったん選択して適用した場合，毎期継続して適用する。また，時価の算定にあたって複数の評価技法を用いる場合には，複数の評価技法に基づく結果を踏まえた合理的な範囲を考慮して，時価を最もよく表す結果を決定する（同8-10項）。

　時価の算定に用いるインプットは，優先順位が最も高いレベル1のインプットから優先順位が最も低いレベル3のインプットまで，優先順位をつけて使用する。レベル1のインプットとは，時価の算定日において，企業が入手できる活発な市場における同一の資産または負債に関する相場価格であり調整されていないものをいう。レベル2のインプットとは，資産または負債について直接的または間接的に観察可能なインプットのうち，レベル1のインプット以外のインプットをいう。レベル3のインプットは，資産または負債について観察できないインプットであり，関連性のある観察可能なインプットが入手できない場合に用いられる（同11項）。

　なお，時価を算定するために異なるレベルに区分される複数のインプットを用いており，これらのインプットに，時価の算定に重要な影響を与えるインプットが複数含まれる場合，これら重要な影響を与えるインプットが属するレベルのうち，時価の算定における優先順位が最も低いレベルに当該時価を分類する（同12項）。

第3節　金融資産の認識と消滅

1　金融資産の発生の認識

　金融資産の契約上の権利を生じさせる契約を締結したときは，原則とし
て，当該金融資産の発生を認識しなければならない。ただし，商品等の売買
または役務の提供の対価にかかわる金銭債権は，原則として，当該商品等の
受渡しまたは役務提供の完了によりその発生を認識する（金融商品基準7
項）。

2　金融資産の消滅の認識

　金融資産の契約上の権利を行使したとき，権利を喪失したときまたは権利
に対する支配が他に移転したときは，当該金融資産の消滅を認識しなければ
ならない。金融資産の契約上の権利に対する支配が他に移転するのは，次の
要件がすべて充たされた場合とする（同8-9項）。

　①譲渡された金融資産に対する譲受人の契約上の権利が譲渡人およびその
　　債権者から法的に保全されていること
　②譲受人が譲渡された金融資産の契約上の権利を直接または間接に通常の
　　方法で享受できること
　③譲渡人が譲渡した金融資産を当該金融資産の満期日前に買戻す権利およ
　　び義務を実質的に有していないこと

　金融資産がその消滅の認識要件を充たした場合には，当該金融資産の消滅
を認識するとともに，帳簿価額とその対価としての受払額との差額を当期の
損益として処理する（同11項）。

　金融資産の一部がその消滅の認識要件を充たした場合には，当該部分の消
滅を認識するとともに，消滅部分の帳簿価額とその対価としての受払額との
差額を当期の損益として処理する。消滅部分の帳簿価額は，当該金融資産全
体の時価に対する消滅部分と残存部分の時価の比率により，当該金融資産全
体の帳簿価額を按分して計算する（同12項）。

　金融資産の消滅に伴って新たな金融資産が発生した場合には，当該金融資産は時価により計上する（同13項）。

第4節　金融資産の評価

1　債権

　一般的に，受取手形や売掛金のような金銭債権は，短期的に決済されることが予定されるため，帳簿価額が時価に近似しているものと考えられ，また，貸付金等の債権は，時価を容易に入手できない場合や売却することを意図しない場合が少なくないと考えられるため，金銭債権は原則として時価評価を行わず，取得価額から貸倒見積高に基づいて算定された貸倒引当金を控除した金額を貸借対照表価額とする。ただし，債権を債権金額より低い価額または高い価額で取得した場合，取得価額と債権金額との差額の性格が金利の調整と認められるときは，償却原価法に基づいて算定された価額から貸倒見積高に基づいて算定された貸倒引当金を控除した金額としなければならない（同14項，68項）。償却原価法については，後述の有価証券における満期保有目的の債券を債権金額と異なる価額で取得する場合にも適用されるため，具体的な説明は第4節2（2）を参照されたい。

　貸倒見積高の算定にあたっては，債務者の財政状態および経営成績などに応じて，債権を**図表5-2**のように区分する（同27項）。

　図表5-2の区分に基づき，債権の貸倒見積高はそれぞれ次の方法により算定する（同28項）。

図表5-2　貸倒見積高の区分

区分	意味
一般債権	経営状態に重大な問題が生じていない債務者に対する債権
貸倒懸念債権	経営破綻の状態には至っていないが，債務の弁済に重大な問題が生じているかまたは生じる可能性の高い債務者に対する債権
破産更生債権等	経営破綻または実質的に経営破綻に陥っている債務者に対する債権

①一般債権については，債権全体または同種・同類の債権ごとに，債権の状況に応じて求めた過去の貸倒実績率など合理的な基準により算定する。

②貸倒懸念債権については，次のいずれかの方法により算定する。ただし，同一の債権については，債務者の財政状態および経営成績の状況などが変化しない限り，同一の方法を継続して適用する。

（ア）債権額から担保の処分見込額および保証による回収見込額を減額し，その残額について債務者の財政状態および経営成績を考慮して貸倒見積高を算定する方法

（イ）債権の元本の回収および利息の受け取りにかかるキャッシュ・フローを合理的に見積もることができる債権については，債権の元本および利息について元本の回収および利息の受け取りが見込まれるときから当期末までの期間にわたり当初の約定利子率で割り引いた金額の総額と債権の帳簿価額との差額を貸倒見積高とする方法

③破産更生債権等については，債権額から担保の処分見込額および保証による回収見込額を減額し，その残額を貸倒見積高とする。

2　有価証券

　金融商品基準によれば，**有価証券**の範囲は，原則として，金商法に定義する有価証券に基づくが，それ以外のもので，金商法上の有価証券に類似し企業会計上の有価証券として取り扱うことが適当と認められるものについても有価証券の範囲に含める。なお，金商法上の有価証券であっても企業会計上の有価証券として取り扱うことが適当と認められないものについては，金融商品基準上，有価証券としては取り扱わないこととする（同注 1-2）。

　企業会計上の有価証券は，株式や国債・地方債・社債などがあるが，金融商品基準によれば，有価証券はその保有目的により，売買目的有価証券，満期保有目的の債券，子会社株式および関連会社株式，その他有価証券に分類され，それぞれ異なる評価基準によって期末評価が行われる。(**図表 5 - 3**)

図表5-3　有価証券の評価基準と評価差額の取り扱い

分類	評価基準	評価差額の取り扱い
売買目的有価証券	時価	当期の損益に計上
満期保有目的の債券	原価，償却原価	認識せず
子会社株式・関連会社株式	原価	
その他有価証券	時価	純資産の部に計上

（1）売買目的有価証券

　売買目的有価証券は，時価の変動により利益を得ることを目的として保有するものであり，投資者にとっての有用な情報は有価証券の期末時点での時価に求められるため，時価をもって貸借対照表価額とし，評価差額は当期の損益として処理する（同 15 項，70 項）。

（2）満期保有目的の債券

　満期保有目的の債券は，企業が満期まで保有する意図をもって保有する社債その他の債権であり，満期までの間の金利変動による価格変動のリスクを認める必要がないため，取得原価をもって貸借対照表価額とする。ただし，債券を債券金額より低い価額または高い価額で取得した場合において，取得価額と債券金額との差額の性格が金利の調整と認められるときは，償却原価法に基づいて算定された価額をもって貸借対照表価額としなければならない（同 16 項，71 項）。

　償却原価法とは，金融資産または金融負債を債権額または債務額と異なる金額で計上した場合において，当該差額に相当する金額を弁済期または償還期に至るまで毎期一定の方法で取得価額に加減する方法をいう。この場合，当該加減額を受取利息または支払利息に含めて処理する（同注 5）。

　償却原価法には，毎期均等額ずつ償却する定額法と実効利子率により一定率ずつ償却する利息法がある。以下は定額法の計算例を取り上げて，説明する。

設例 1

A社は，20X1年4月1日に，満期まで保有することを目的として100円につき96円で社債（額面金額1,000,000円，利子率年3%，利払日3月31日，満期日20X5年3月31日）を購入した。20X2年3月31日決算日にあたり，利息を現金で受け取り，償却原価法（定額法）を適用して社債を評価した。なお，この社債の取得価額と債券金額との差額の性格が金利の調整と認められる。決算日の仕訳を示しなさい。

解答

（借）現 金	30,000	（貸）有価証券利息	30,000
（借）満期保有目的債券	10,000	（貸）有価証券利息	10,000

解説

受け取った利息分は額面金額に基づいて計算される。また，取得価額と債券金額との差額40,000円（$1,000,000 円 - \dfrac{1,000,000 円 \times 96 円}{100 円}$）については，満期日までに，償却原価法（定額法）に基づいて，取得原価に加算するため，償却額10,000円（$\dfrac{40,000 円}{4 年}$）は満期保有目的債券勘定の借方に計上し，償却額だけ満期保有目的債券勘定の帳簿価額は増加する。

（3）子会社株式および関連会社株式

子会社株式については，事業投資と同じく時価の変動を財務活動の成果とは捉えないため，取得原価をもって貸借対照表価額とする。**関連会社株式**については，他企業への影響力の行使を目的として保有する株式であるため，子会社株式と同じく事実上の事業投資と同様の会計処理を行うことが適当であるという考え方に基づいて，取得原価をもって貸借対照表価額とする（同17項，73-74項）。

（4）その他有価証券

　売買目的有価証券，満期保有目的の債券，子会社株式および関連会社株式以外の有価証券は，時価をもって貸借対照表価額とし，評価差額は洗替方式に基づいて，次のいずれかの方法により処理する（同18項）。

①評価差額の合計額を純資産の部に計上する（全部純資産直入法）。

②時価が取得原価を上回る銘柄にかかわる評価差額は純資産の部に計上するが，時価が取得原価を下回る銘柄にかかわる評価差額は当期の損失として処理する（部分純資産直入法）。

設例 2

　当社が保有している次のその他有価証券について，全部純資産直入法および部分純資産直入法に従って，決算日の時価評価の仕訳および翌期首の再振替仕訳を示しなさい。

	取得価額	決算日の時価
A 株式	150 万円	170 万円
B 株式	250 万円	220 万円

※純資産の部に計上されるその他有価証券の評価差額については，税効果会計を適用しなければならないが，簡単化のために，ここでは税効果会計を適用しないことにする。

解答

① 全部純資産直入法の場合

　決算時

　（借）その他有価証券評価差額金　100,000　（貸）そ の 他 有 価 証 券　100,000

　翌期首

　（借）そ の 他 有 価 証 券　100,000　（貸）その他有価証券評価差額金　100,000

② 部分純資産直入法の場合

　決算時

　（借）有 価 証 券 評 価 損　300,000　（貸）その他有価証券評価差額金　200,000

　　　　　　　　　　　　　　　　　　　　　　そ の 他 有 価 証 券　100,000

翌期首

（借）その他有価証券評価差額金　　200,000　（貸）有価証券評価損　　300,000
　　　その他有価証券　　100,000

　ただし，市場価格のない株式は，取得原価をもって貸借対照表価額とする。市場価格のない株式とは，市場において取引されていない株式とする（同19項）。なお，デリバティブの評価については，次節において詳細に説明する。

第5節　デリバティブ

1　デリバティブの意義

　金融の自由化や国際化によって企業の経営環境が激変し，企業は，借入金などの利率の変動による金利リスクや，為替相場の変動による為替リスクなど，金融経済とリンクした種々のリスクにさらされている。これらのリスクを減殺（ヘッジ）するか，またはリスクを負担してより大きな収益を獲得する手段として，デリバティブがよく利用されている。

　デリバティブは，もともと派生物という意味であるため，ここでいうデリバティブ取引は，株式，債券，金利，通貨，商品などの伝統的な金融資産から派生した金融派生商品の取引であり，具体的には，先物取引，先渡取引，オプション取引，スワップ取引などが含まれる。

　先物取引および**先渡取引**とは，債券や株式など，相場変動リスクのある金融資産を将来のあらかじめ定められた期日に，現時点で決められた価格で売買することを約束する取引である。取引所で差金決済により取引される場合には，先物取引と呼ばれる。一方，先渡取引は相対取引（店頭取引）であり，現物決済が原則的である。

　オプション取引とは，将来のあらかじめ定められた期日に，特定の金融資産を現時点で決められた価格で，買う権利または売る権利を売買する取引である。オプションの買い手が売り手に対して，プレミアムと呼ばれるオプシ

ョン料を支払うことによって，オプションの権利を獲得することができる。また，その権利を行使しても放棄してもよい。

　他方，**スワップ取引**とは，あらかじめ定められた契約条件に従って，将来発生するキャッシュ・フローを当事者間で交換する取引をいう。スワップ取引には，同じ通貨で異なる種類の金利を交換する金利スワップと異なる通貨で異なる種類の金利を交換する通貨スワップがある。

　上記のデリバティブ取引の会計処理について，金融商品基準によれば，デリバティブは，契約に伴って生じる債権・債務を契約の決済時ではなく契約の締結時に認識し，決算日に時価をもって貸借対照表価額とするとともに，評価差額は，原則として，当期の損益として処理する（同25項）。以下は先物取引を例として，デリバティブ取引の会計処理を説明する。

設例3

　次の取引を仕訳しなさい。
① 　琉球商事は，国債10億円（売買目的有価証券）を保有している。同社は，国債の価格下落を予想し，国債先物10億円を単価100円につき110円で売り建て，証拠金として現金2,000万円を差し入れた。
② 　決算日に，先物価格は107円に下落した。

解答

① （借）差 入 証 拠 金　20,000,000　（貸）現　　　　　　金　20,000,000
② （借）先 物 取 引　30,000,000　（貸）先 物 利 益　30,000,000

解説

　先物取引を行う場合には，対象となる原資産の将来の価格で利益または損失が生じるため，損失が生じても決済の履行ができるように確保するために，証拠金の差し入れが必要となる。また，取引所は毎営業日に建玉（取引約定後の未決済分）について精算価格により評価替えを行い，証拠金の追加または払戻しを行う必要があるが，ここでは，簡単化のため値洗を行わないことにする。

①について，契約時に生じる債権・債務は同額であり，両者が相殺され，貸借対照表に表れないため，証拠金の差し入れに関する仕訳のみを行う。なお，これらの債権・債務を同額の対照勘定を用いて仕訳する方法もある。②について，決算時に，先物取引を時価で評価し，評価差額 30,000,000 円（$\dfrac{110\ 円 - 107\ 円}{100\ 円}$ ×1,000,000,000 円）を当期の損益として計上する。

2　ヘッジ会計

　上記のようなデリバティブは，金利リスクや為替リスクなどの金融リスクをヘッジするために，よく用いられる。このように，ヘッジ対象の資産または負債にかかわる相場変動を相殺するか，ヘッジ対象の資産または負債にかかわるキャッシュ・フローを固定してその変動を回避することにより，**ヘッジ対象**である資産または負債の価格変動，金利変動および為替変動といった相場変動などによる損失の可能性を減殺することを目的として，デリバティブ取引を**ヘッジ手段**として用いる取引を**ヘッジ取引**という。

　ヘッジ取引の実態を明らかにするために，ヘッジ対象から生じる損益とヘッジ手段から生じる損益を同一の会計期間に計上する必要があるが，場合によって，ヘッジ対象とヘッジ手段の損益が同一期間に計上されない可能性もある。例えば，その他有価証券の価値変動リスクをヘッジするために，先物取引をヘッジ手段としてヘッジ取引を行う場合，その他有価証券をヘッジ対象として，決算時の時価評価によって，その評価差額が純資産の部に計上される。これに対して，先物取引の時価評価により生じる差額は当期の損益に計上される。このように，ヘッジ対象の損益とヘッジ手段の損益を同一会計期間に計上させるために，ヘッジ会計の適用が必要になる。

　ヘッジ会計とは，ヘッジ取引のうち一定の要件を充たすものについて，ヘッジ対象にかかわる損益とヘッジ手段にかかわる損益を同一の会計期間に認識し，ヘッジの効果を会計に反映させるための特殊な会計処理をいう（同29項）。ヘッジ対象とヘッジ手段の損益を同一の会計期間に認識することは，「売上高と売上原価」あるいは「売上高と販売費・一般管理費」におい

て観察された従来の対応概念では説明できない処理であり，その意味で特殊な会計処理である。

金融商品基準によれば，上記の一定の要件とは，次の条件をすべて充たすことをいう（同31項）。

①ヘッジ取引時において，ヘッジ取引が企業のリスク管理方針に従ったものであることが，次のいずれかによって客観的に認められること

A）　当該取引が企業のリスク管理方針に従ったものであることが，文書により確認できること

B）　企業のリスク管理方針に関して明確な内部規定および内部統制組織が存在し，当該取引がこれに従って処理されることが期待されること

②ヘッジ取引時以降において，ヘッジ対象とヘッジ手段の損益が高い程度で相殺される状態またはヘッジ対象のキャッシュ・フローが固定されその変動が回避される状態が引き続き認められることによって，ヘッジ手段の効果が定期的に確認されていること

ヘッジ会計が適用されるヘッジ対象は，相場変動等による損失の可能性がある資産または負債で，当該資産または負債にかかわる相場変動等が評価に反映されていないもの，相場変動等が評価に反映されているが評価差額が損益として処理されないものもしくは当該資産または負債にかかわるキャッシュ・フローが固定されその変動が回避されるものである。なお，ヘッジ対象には，予定取引により発生が見込まれる資産または負債も含まれる。予定取引とは，未履行の確定契約にかかわる取引および契約は成立していないが，取引予定時期，取引予定物件，取引予定量，取引予定価格等の主要な取引条件が合理的に予測可能であり，かつ，それが実行される可能性が極めて高い取引をいう（同30項）。

ヘッジ会計においては，時価評価されているヘッジ手段にかかわる損益または評価差額を，ヘッジ対象にかかわる損益が認識されるまで純資産の部において繰り延べる方法（繰延ヘッジ）が原則的な方法である。ただし，ヘッジ対象である資産または負債にかかわる相場変動等を損益に反映させることにより，その損益とヘッジ手段にかかわる損益とを同一の会計期間に認識す

ることもできる（時価ヘッジ）。なお，純資産の部に計上されるヘッジ手段にかかわる損益または評価差額については，税効果会計を適用しなければならない（同 32 項）。

ヘッジ会計は，ヘッジ対象が消滅したときに終了し，繰り延べられているヘッジ手段にかかわる損益または評価差額は当期の損益として処理しなければならない。また，ヘッジ対象である予定取引が実行されないことが明らかになったときにおいても同様に処理する（同 34 項）。

設例4

次の取引を仕訳しなさい。

① 近畿商事は，国債 1 億円（額面 1 億円，購入価額 1 億円）を保有している。当社は，最近の経済環境から考えて，今後の国債価格下落を予想し，3 月 1 日に保有国債の価格下落をヘッジする目的で，国債先物（9 月限月先物）1 億円の売建取引を行った。なお，契約時の先物価格は 100 円であり，簡単化のために証拠金の授受や時価評価に伴う税効果処理を行わないことにする。また，その他有価証券の時価評価差額（有価証券評価差額金）はすべて純資産の部に計上する方法（全部純資産直入法）により処理する。

② 決算時（3 月 31 日）現在，国債の単価は 98 円であり，先物取引の価格は 97 円であった。

③ 4 月 20 日に，国債を単価 96 円で売却した。先物を単価 95 円で決済した。

解答

① 仕訳なし

② ヘッジ対象の処理

（借）有価証券評価差額金　2,000,000　（貸）その他有価証券　2,000,000

ヘッジ手段の処理

（借）先　物　取　引　3,000,000　（貸）繰延ヘッジ損益　3,000,000

③ ヘッジ対象の処理

（借）現　　　　　金　96,000,000　（貸）その他有価証券　100,000,000

　　　有価証券売却損　4,000,000

ヘッジ手段の処理

（借）先　物　取　引	2,000,000	（貸）繰延ヘッジ損益	2,000,000
（借）現　　　　　　金	5,000,000	（貸）先　物　取　引	5,000,000
（借）繰延ヘッジ損益	5,000,000	（貸）先　物　利　益	5,000,000

解説

　②のヘッジ対象の処理について，国債の時価評価差額（$\dfrac{100\,円-98\,円}{100\,円}\times$ 100,000,000円）を有価証券評価差額金として純資産の部に計上する。ヘッジ手段の処理について，借方の先物取引は当該取引にかかわる債権である。貸方の繰延ヘッジ損益は先物にかかわる利益の繰延額（$\dfrac{100\,円-97\,円}{100\,円}\times100{,}000{,}000$ 円）であり，純資産の部に計上され，決済まで繰り延べる。

　③のヘッジ対象の処理について，その他有価証券は翌期首の4月1日に洗替処理が行われ，帳簿価額は1億円である。ヘッジ手段の処理について，先物取引の時価評価差額（$\dfrac{97\,円-95\,円}{100\,円}\times100{,}000{,}000$ 円）をまず繰延ヘッジ損益として純資産の部に計上する。ヘッジ手段の決済により，キャッシュ・フローを認識するとともに，繰り延べられている損益を当期の損益として処理する（上記②の繰延利益と合わせると評価差額は5,000,000円であるため，先物取引勘定から現金勘定へ振り替え，そして，繰延ヘッジ損益から先物利益勘定へ振り替える）。

第6章

棚卸資産会計

第1節　棚卸資産の意義と取得原価

1　棚卸資産の意義

　棚卸資産とは，帳簿に基づかず実地にその存在を確認する手続，すなわち，棚卸によってその有高が確定される費用性資産である。棚卸資産については，次のいずれかに該当するものと定められている（連続意見書（第四）第一，七）。

　①通常の営業過程において販売するために保有する財貨。

　②販売を目的として現に製造中の財貨または用役。

　③販売目的の財貨または用役を生産するために短期間に消費されるべき財貨。

　④販売活動および一般管理活動において短期間に消費されるべき財貨。

　上記に該当する具体的な項目は，（イ）商品，（ロ）製品副産物および作業くず，（ハ）半製品（自製部分を含む），（ニ）原料および材料（購入部分品を含む），（ホ）仕掛品および半製品，（ヘ）消耗品，消耗工具，器具および備品その他の貯蔵品（財規）が示されている。①に該当するものが（イ），（ロ），②に該当するものが（ハ），（ホ），③に該当するものが（ニ）と工業における（ヘ）が，そして④には工場以外における（ヘ）が該当する（財規15条五）。

2　棚卸資産における取得原価

　棚卸資産を購入した場合の取得原価は，購入代価に付随費用を加えて求め

られる。購入代価につき値引きや割戻しがあった場合にはこれを控除する。付随費用または副費は外部副費と内部副費に分かれ，前者には引取運賃，運送保険料，購入手数料，関税等が，後者には購入事務費，保管費，移管費などが含まれる。

　棚卸資産を企業自らが生産した場合，その生産のために要した原材料費，労務費および経費の額につき，適正な原価計算の手続により算定された正常な実際製造原価をもって当該棚卸資産の原価とする（連続意見書（第四）第一，五）。

第2節　棚卸資産の払出単価の決定と原価配分

1　棚卸計算法と継続記録法

　棚卸資産の取得原価は，期末において，販売などを通じて当期に費用化される部分（材料費，売上原価，消耗品費等）と次期繰越部分（材料，製品，商品等）に配分される。次期繰越部分に関しては，期末時点でのお店・工場の在庫分と考えると理解しやすいであろう。期末の在庫分は次期の期首在庫になるため，次期繰越と表現される。期末に費用化された部分と次期繰越部分に分ける作業（これを配分という）を棚卸資産の原価配分と呼ぶ。当期の費用額は払出数量×払出単価で計算される。それゆえ，棚卸資産の会計において，払出数量の算定と払出単価の算定においていかなる原価配分方法を採用するかが重要となる。

　払出数量の把握には棚卸計算法と継続記録法がある。

(1) 棚卸計算法

　棚卸計算法において，払出数量は次の式で計算される。

　　期首棚卸数量＋当期受入数量－期末棚卸数量＝払出数量

　この方法によれば，期中に棚卸資産を受け入れるつどその数量を記録しておき，期末に実地棚卸を行い実際の棚卸数量を把握し，これを期首数量と期中受入数量の合計額から控除することで払出数量を把握する。この方法で

は，期中取引による棚卸数量の増減過程を把握していかないため，実地棚卸を行っても盗難や紛失に起因する棚卸減耗量（＝帳簿上の棚卸数量－実地棚卸数量）が把握できないという限界がある。すなわち，期中に棚卸減耗が発生しても，その減耗分はすべて期中の払出数量の中に含まれてしまうのである。

（2）継続記録法

　継続記録法において，期末棚卸数量は次の式で計算される。

期首棚卸数量＋当期受入数量－当期払出数量＝期末棚卸数量

　この方法は，棚卸資産の受入・払出のつど数量を記録しながら帳簿上で棚卸数量を常に把握していく方法である。具体的には，資産の種類ごとに，商品有高帳等の帳簿を設けて品目ごとに数量の変化を記録していく。この方法によれば，継続的に棚卸数量を把握することができるため在庫管理上優れている。ただし，この方法はあくまでも記録上存在するはずの数量であるため，実際有高と一致するとは限らない。なぜなら，盗難や紛失などの原因による数量不足，記入ミスによる過不足等が発生するからである。これらの不一致を防ぐためには，記録と事実を照合させるべく，週末，月末，年度末等の一定時点で定期的に実地棚卸を行い，棚卸減耗量を認識したときに帳簿を修正していく必要がある。

2　払出単価の計算方法と原価配分の方法

　棚卸資産会計における原価配分手続は，期末棚卸数量に払出単価を乗じて期末棚卸資産が決定されるため，棚卸資産の期末残高の評価方法でもある。

　原価配分によって計算された売上原価は期末棚卸評価で変わってくるため利益操作の温床ともなるため，企業会計原則において，一般原則の継続性の原則により「正当な理由がない限り」一度選択した原価配分の方法の変更は認められていない。現行の会計制度では，次の方法が認められている（連続意見書（第四）第一，二，六，棚卸資産基準 6-2 項）。

(1) 個別法

この方法は，個々の棚卸資産を受け入れたときにそれぞれの取得原価を個別に把握していき，個々の棚卸資産を払い出すつどその資産の取得原価を払出単価とする方法である。したがって，残存する個々の資産の実際原価をもって算定することになる。この方法を行うには極めて多くの手数を要するため，この方法の適用は，比較的高価であり，かつ，受け入れから払い出しまで個別管理が可能なものに限定される。個別法が適用される代表的な棚卸資産として，金・宝石類が挙げられよう。

(2) 先入先出法

この方法は，最も古く取得されたものから順次払い出しが行われ，期末棚卸資産は最も新しく取得されたものからなると見なして，払出単価を計算する方法である。通常，大部分の棚卸資産は先に取得されたものから順次払い出されるため，この方法は財貨の物理的な流れに合致した方法である。物価上昇時にこの方法を適用すれば，物価水準を反映した売上収益に対して物価の低いときに取得した資産部分が売上原価に参入されるため，保有期間中の価格上昇分が売上総利益に反映され，売上総利益の増加要因となる。一方，物価の下降時には保有期間中の価格減少分が売上総利益に反映されて売上総利益の減少要因となる。いずれの場合においても期末棚卸高は決算時の時価に近い評価額で計上されることになる。

(3) 平均原価法

この方法は，取得した棚卸資産の平均原価を計算して払出単価とする方法である。平均原価法には総平均法と移動平均法がある。総平均法とは，期首棚卸高を含めた1か月分または1年度中の棚卸資産の取得原価の合計額を，受け入れ数量の合計で除して算定した，単位あたりの平均原価を払出単価とする方法である。移動平均法は，棚卸資産を受け入れるつど，その時点での在庫分を合わせて加重平均単価を算定し，次回に棚卸資産を受け入れるまでの払出単価として利用する方法である。

設例1

　ある商品の 5 月中の受け払いは以下のとおりである。先入先出法，総平均法，移動平均法を適用した場合の売上原価と期末棚卸高を求めなさい。

5 月 1 日　前期繰越額　200 個　取得原価@ 400 円
5 月 8 日　仕　　　入　100 個　取得原価@ 430 円
5 月 17 日　売　　　上　140 個　売　　価@ 500 円
5 月 22 日　仕　　　入　200 個　取得原価@ 446 円
5 月 27 日　売　　　上　120 個　売　　価@ 500 円

解答

先入先出法

商品有高帳

令和×1年		摘要	受入			払出			残高		
			数量	単価	金額	数量	単価	金額	数量	単価	金額
5	1	前月繰越	200	400	80,000				200	400	80,000
	8	仕　入	100	430	43,000				200	400	80,000
									100	430	43,000
	17	売　上				140	400	56,000	60	400	24,000
									100	430	43,000
	22	仕　入	200	446	89,200				60	400	24,000
									100	430	43,000
									200	446	89,200
	27	売　上				60	400	24,000	40	430	17,200
						60	430	25,800	200	446	89,200

売上原価　105,800 円　期末棚卸高　106,400 円

平均原価法

（1）総平均法

平均単価 =（80,000 + 43,000 + 89,200）÷（200 + 100 + 200）= 424.4

売上原価 = 424.4 × 260 = 110,344 円

期末棚卸高 = 424.4 × 240 = 101,856 円

（2）移動平均法

商品有高帳

令和×1年		摘要	受入			払出			残高		
			数量	単価	金額	数量	単価	金額	数量	単価	金額
5	1	前月繰越	200	400	80,000				200	400	80,000
	8	仕　入	100	430	43,000				300	410	123,000
	17	売　上				140	410	57,400	160	410	65,600
	22	仕　入	200	446	89,200				360	430	154,800
	27	売　上				120	430	51,600	240	430	103,200

売上原価　109,000 円　期末棚卸高　103,200 円

（4）最終仕入原価法

最終仕入原価法は，期末に最も近い時点で最後に棚卸資産を取得したときの単位あたり取得原価をもって期末棚卸商品の評価を行う方法である。

この方法によれば，実地棚卸による期末在庫数量と期末直近の受入単価を調査するだけで期末棚卸高を算定できるため，実務的には簡便な方法である。

設例2

設例1の条件で，最終仕入原価法に当てはめた場合の売上原価と期末棚卸高を求めなさい。

解答

受入原価合計 = 80,000 + 43,000 + 89,200 = 212,200 円

期末棚卸高 = 240 × 446 = 107,040 円

売上原価 = 212,200 − 107,040 = 105,160 円

(5) 売価還元法

　取扱商品の種類が非常に多い百貨店などの小売業および卸売業では，商品の種類ごとに受け払いの会計記録を整備し，それに基づいて商品の種類ごとに売上原価と期末棚卸高を算定するには，大量の事務作業が必要になる。そのような事務負担を削減する目的で考案された方法が売価還元法である。この方法は，主として小売業の期末棚卸高の計算に用いられることから，小売棚卸法とも呼ばれる。

　小売業では一般にすべての商品に売価を表示した値札が付されているため，期末の実地棚卸に際しこれを利用して，売価による商品在庫の評価額を算定することができる。そしてこれに原価率を乗じれば，原価による期末棚卸高が導出される。

　「連続意見書第四」が規定する原価率の計算式は次のとおりである。
原価率 = (期首繰越商品原価 + 当期受入原価総額) ÷ (期首繰越商品売価 + 当期受入原価総額 + 原始値入額 + 値上額 − 値上取消額 − 値下額 + 値下取消額)

　原価率の計算式の分母から値下額と値下取消額を除いた原価率を用いることも，後述する低価法の適用の範囲内として認めている（売価還元低価法）。

設例 3

　設例1の条件で，売価還元法を当てはめた場合の売上原価と期末棚卸高を求めなさい。

解答

期首繰越商品原価 = 200 × @400 = 80,000 円
期首繰越商品売価 = 200 × @500 = 100,000 円
当期受入原価総額 = 100 × @430 + 200 × @446 = 132,200 円
原始値入額 = 100 × (@500 − @430) + 200 × (@500 − @446) = 17,800 円
原価率 = (80,000 + 132,200) ÷ (100,000 + 132,200 + 17,800) = 0.8488

期末商品売価 = 240 × @500 = 120,000 円

∴　期末棚卸高 = 120,000 × 0.8488 = 101,856 円

∴　売上原価 = 212,200 − 101,856 = 110,344 円

第3節　棚卸資産の期末評価

1　棚卸減耗費

棚卸資産について継続記録法が採用されている場合の帳簿上の期末棚卸数量に対して，実地棚卸で判明した実際の棚卸数量が不足するとき，その不足分を棚卸減耗という。棚卸減耗が発生している場合には，その金額を棚卸減耗費として棚卸資産の帳簿価額から減額する。

通常の企業活動の中で計上的に発生する棚卸減耗費（原価性がある棚卸減耗）は，原材料であれば製造原価に，商品や製品に関するものであれば売上原価または販売費・一般管理費に計上する。異常な原因で発生しなおかつ経常的でない棚卸減耗費（原価性がない棚卸減耗）は，特別損失または営業外費用に計上する（連続意見書（第四）第一，二，六）。

2　棚卸評価損

実地棚卸において，棚卸減耗以外に品質の低下や陳腐化が判明することがある。品質低下とは，時の経過や店ざらしなどの原因によって生じる色あせ，傷，その他の物理的劣化のことをいい，陳腐化とは，技術革新や新製品の登場，あるいは商品ライフサイクルの変化によって生じる経済的価値の低下のことである。このような品質低下や陳腐化が生じた場合には，帳簿価額を正味売却価額まで切り下げる。正味売却価額とは，第4章で説明したとおり，棚卸資産の販売市場における市場価格から見積追加製造原価および見積販売直接経費を控除した金額である。

品質低下や陳腐化の他に決算時の時価が取得原価を下回る場合がある。このような時価の下落が生じた場合，企業会計基準第9号「棚卸資産の評価に関する会計基準」は，2008年4月以後に開始する年度から，通常の販売目

的で保有する棚卸資産について，期末の正味売却価額が取得原価より下落している場合，その正味売却価額をもって貸借対照表の計上額とするものとして，低価法の適用を強制している（棚卸資産基準 7 項）。低価法とは，期末の時価と帳簿価額を比較していずれか低い方で評価する方法のことである。低価法が強制される理由は，収益性（収益稼得能力）を帳簿価額に反映させることであり，時価による資産評価を目的とするものではないことに注意が必要である（同 9 項）。

　低価法の処理には継続適用することを原則に洗替方式と切り放し方式の選択適用が認められている。切り放し方式とは，評価切下げ後の金額を次期の取得原価と見なす方式であり，一度切下げた帳簿価額を元に戻さない方式である。一方，洗替方式は，決算で計上した評価損を翌年度戻し入れ，毎期末に棚卸資産の取得原価と時価を比較する方法である（同 14 項）。

3　トレーディング目的で保有する棚卸資産の期末評価

　企業は，市場価格の変動によって利益を得る目的で棚卸資産を保有することがある。そのような資産をトレーディング目的で保有する棚卸資産と呼ぶ。

　トレーディング目的で保有する棚卸資産の例としては，金や銀といった貴金属を挙げることができよう。金については，活発な売買市場が整備されているので，トレーディング目的で保有することも想定できる棚卸資産である。企業がトレーディング目的で保有する資産は，外見的には棚卸資産であっても，売買目的有価証券と同様の金属商品としての性質を有する。このような資産にあっては，決算にあたり期末時点の市場価格で評価して貸借対照表に計上し，評価差額は純額で売上高に表示する（同 15 項，16 項）。

第7章

有形固定資産会計

第1節　有形固定資産の意義

　購買，製造，販売などの経営活動を行うため，長期間使用することを目的として保有する有形の資産を**有形固定資産**という。例えば，次のようなものである（財規22条）。

①建物（事務所，工場，店舗などの営業用建物。冷暖房，照明などの付属設備を含む）

②構築物（広告塔や塀など，土地に定着した建物以外の設備や工作物）

③機械装置（各種の機械・装置。クレーンなどの付属設備を含む）

④船舶（客船，貨物船，タンカーなどの水上運搬具）

⑤車両運搬具（オートバイ，自動車，鉄道車輌などの陸上運搬具）

⑥工具器具備品（机・椅子や事務用機器など。耐用年数が1年未満，1個・1組の価格が10万円未満のものは除く）

⑦土地（事務所や工場などの敷地，社宅用地や運動場などの経営付属用地）

⑧リース資産（ファイナンス・リース取引により借り入れた資産で，上記①から⑦に該当するもの）

⑨建設仮勘定（建物の建設などのために支出した手付金や前渡金）

　上記の有形固定資産のうち，使用や時の経過などによって価値が減少し，減価償却（第3節で解説する）の対象となる資産を償却資産といい，①から⑥，⑧がこれに該当する。使用や時の経過などによっても減価しない土地や，未決算勘定である建設仮勘定は減価償却の対象とはならず，このような

資産を非償却資産と呼ぶ。

第2節　有形固定資産の取得原価

1　有形固定資産の取得原価

　有形固定資産の取得にはさまざまな形態があり，その取得形態に応じて取得原価が決定される（連続意見書（第三）第一，四）。

①固定資産を購入により取得した場合は，購入代金に運搬費，据付費，試運転費などの付随費用を加算した額を取得原価とする（原則第三，五D）。逆に，値引や割戻は購入代金から控除する。

②固定資産を自家建設した場合は，適正な原価計算基準に従って計算された製造原価を取得原価とする。建設に必要な資金を借入れで賄っている場合，稼働前の期間の利息は取得原価に算入することができる。

③株式を発行し，その対価として固定資産を受け入れた場合は，交付した株式の公正な評価額と，受入資産の公正な評価額のうち，いずれかより高い信頼性をもって測定可能な評価額を取得原価とする（ストック・オプション等基準 15 項（2））。

④自己所有の固定資産と交換に固定資産を取得した場合は，交換に供された自己資産の適正な帳簿価額（簿価）を取得原価とする。また，自己所有の株式などと交換した場合には，その株式の時価（または適正な簿価）を取得原価とする。株式を売却し，その代金で固定資産を購入したと考えるのである。

⑤固定資産を贈与された場合は，時価などを基準とした公正な評価額を取得原価とする（原則第三，五 F）。

2　圧縮記帳

　国や自治体の政策目的に合致した取り組みに対して，国・自治体から補助金を受け取ることがある。例えば，二酸化炭素の排出抑制を図る設備導入に際して受け取る補助金が，これに該当する。国庫補助金の交付を受け，固定

資産を取得した場合は，補助金に相当する額をその資産の取得原価から控除することができる（注解注24）。補助金には法人税が課されるので，それに見合う額を圧縮損とすることによって，課税を将来に繰り延べる税法上の措置を認めたもので，これを**圧縮記帳**という。

[設例1]

　×1年4月1日に，国庫補助金として現金200,000円を受け取り，補助金交付の目的に適合した機械装置1,000,000円を購入した（現金払い）。また，この機械装置に対して圧縮記帳を行った。①補助金交付日（機械装置の取得日），②決算日（×2年3月31日）の仕訳を示しなさい。なお，機械装置は定額法（残存価額ゼロ，耐用年数10年）による償却を行う。

[解答]

①	（借）現　　　　　金	200,000	（貸）国庫補助金受贈益	200,000
	（借）機　械　装　置	1,000,000	（貸）現　　　　　金	1,000,000
	（借）固定資産圧縮損	200,000	（貸）機　械　装　置	200,000
②	（借）減　価　償　却　費	80,000	（貸）機械装置減価償却累計額	80,000

[解説]

　固定資産圧縮損を計上することで，国庫補助金受贈益が相殺され，交付年度の税負担は軽減される。しかし，その後の減価償却の計算は，圧縮後の帳簿価額を基礎として行われるので，毎期の減価償却費が少なく計算され，課税額はその分だけ多く計上される。つまり，圧縮記帳は課税の繰り延べに過ぎず，税の減免・免除ではない（課税繰延の方法には積立金方式もあるが，紙幅の関係上，解説を省略する）。

3　資本的支出と収益的支出

　有形固定資産の取得後に生ずる支出のうち，固定資産の取得原価に加算される支出を**資本的支出**といい，支出した年度の費用として処理される支出を

収益的支出と呼ぶ。固定資産の使用可能期間を延長させるか，または資産価値を増加させる支出は資本的支出とし，固定資産の能力を維持・管理するため，または原状回復するための支出は収益的支出とする（法人税法施行令132条）。

設例2

　残存耐用年数10年の備品について，当期首に改修を行い，現金300,000円を支払った。改修の結果，この備品の耐用年数が5年延長したため，延長期間に対応する金額を資本的支出とした。改修時の仕訳を示しなさい。

解答

　（借）備　　　　　品　100,000　（貸）現　　　　　金　300,000
　　　　修　繕　費　200,000

解説

資本的支出：$300{,}000 \text{円} \times \dfrac{\text{延長耐用年数5年}}{\text{支出後の残存耐用年数15年}} = 100{,}000 \text{円}$

第3節　減価償却

1　減価償却の意義，目的，効果

（1）減価償却の意義と目的

　有形固定資産の多くは，使用や時の経過などによってその価値が減少していく。これを減価といい，減価償却とは，固定資産の減価に応じて，その取得原価を使用可能期間（耐用年数）に費用として配分し，固定資産の帳簿価額を減少させる手続である。また，減価償却によって耐用年数内の各期間に配分された費用を減価償却費という。

　減価償却の目的は，適正な費用配分によって，毎期の期間損益計算を正しく行うことである（連続意見書（第三）第一，二）。つまり，有形固定資産

の利用から得られる収益と，減価償却の手続によって配分される費用（収益獲得に貢献した減価部分）を対応させることによって，期間損益を正確に計算することが減価償却の主要な目的である。このような目的を達成するため，減価償却はあらかじめ決められた一定の方法に従い，毎期，計画的・規則的に行わなければならない。

(2) 減価償却の効果

　上述のように，減価償却は固定資産の取得原価を費用として配分する手続である。そのため，固定資産に投下された資金は，減価償却の手続を経ることによって，資金的裏付けのある収益として回収される。つまり，固定資産の一部が，現金や売上債権などの流動資産に転化する。これを固定資産の流動化という。

　また，減価償却費は支出を伴わない費用なので，減価償却費を計上すれば，その分だけ企業内に資金が留保される。つまり，減価償却はその計上額に等しい額を借り入れた，または増資したのと同様の効果をもつ。これを減価償却の自己金融効果という。

2　減価の種類と発生原因

　使用による磨損や時の経過による損耗によって，次第に固定資産の価値が減少していくことを**物質的減価**（または物理的減価）という。

　これに対して，物質的にはまだ利用できる状態にあっても，そのまま使用し続けると不経済になることがある。このような減価を**機能的減価**（または経済的減価）といい，陳腐化と不適応化によって生ずる。陳腐化とは，新技術の発明や需要の変化などの企業の外的事情により，使用中の固定資産が旧式化することをいう。また，不適応化とは，経営組織の改編や生産方法の変更などの企業の内的事情により，使用中の固定資産が本来の目的を十分に果たせなくなることである。

3 減価償却の計算と表示

(1) 減価償却の計算要素

①基礎価額

減価償却費を計算するための基礎となる価額を**基礎価額**といい，第2節で述べた有形固定資産の取得原価を用いる。固定資産の取得時に資産除去債務が発生しているときは，これを負債に計上し，その同額を取得原価に加える（資産除去基準7項）。詳しくは，第9章で解説する。

②残存価額

固定資産の耐用年数到来時における処分可能価額（売却価格または利用価格から，解体，撤去，処分などの費用を控除した額）を**残存価額**という。税法上，2007年4月1日以降に取得した有形固定資産については，残存価額をゼロとすることが認められたので，実務上ではそれに従うことが多い。

③耐用年数

有形固定資産の使用可能期間を**耐用年数**という。耐用年数は物質的減価と機能的減価の双方を考慮して決定しなければならないが，機能的減価を的確に予測することは困難なので，実務上では税法で定められた耐用年数（省令別表）を用いることが多い。

(2) 減価償却の計算方法

減価償却の計算方法には期間を配分基準とする方法（定額法，定率法，級数法）と，生産高（利用高）を配分基準とする方法（生産高比例法）がある（注解注20）。減価が主として時の経過を原因として発生する場合は期間を配分基準とする方法，また，減価が主として固定資産の利用に比例して発生する場合には生産高を配分基準とする方法を用いる。

①定額法

定額法とは，毎期均等額の減価償却費を計上する方法である。毎期の減価償却費は，次の算式により計算される。

$$減価償却費 = \frac{取得原価 - 残存価額}{耐用年数}$$

　定額法は計算が簡単で，また，毎期の償却額が一定なので，期間損益の比較可能性に優れている。定額法は機能的減価がほとんど発生しない建物などに適している。

②定率法

　耐用年数の経過に伴い償却額が減少する減価償却の計算方法を逓減法といい，逓減法には一定の償却率を用いる定率法と，償却率が逓減する級数法がある。

　定率法とは，期首の未償却残高に一定率を乗じた額を減価償却費として計上する方法である。毎期の減価償却費は，次の算式により計算される（償却率の計算式は省略）。

　　減価償却費＝（取得原価－期首減価償却累計額）×償却率

　定率法は定額法に比べて，耐用年数の初期に多額の減価償却費が計上される。つまり，固定資産への投下資本を早期に回収することができる保守的な計算方法である。また，償却額は順次減少していくが，その分，修繕費が生じるので，固定資産にかかる総費用額は平準化される。定率法は機能的減価が発生する機械装置などに適している。

③級数法

　級数法とは，耐用年数の算術級数総和に基づいた額を減価償却費として計上する方法である。毎期の減価償却費は，次の算式により計算される。

$$減価償却費＝（取得原価－残存価額）×\frac{期首における残存耐用年数}{耐用年数の算術級数総和}$$

　級数法は定率法の簡便法として考え出されたもので，定率法より各年度の償却額の変動幅が小さいのが特徴である。しかし，この方法はわが国ではほとんど用いられていない。

④生産高比例法

　生産高比例法とは，固定資産による生産または用役の提供の度合に比例した額を減価償却費として計上する方法である。毎期の減価償却費は，次の算式により計算される。

$$減価償却費 = (取得原価 - 残存価額) \times \frac{当期利用高}{総利用可能高}$$

　生産高比例法は固定資産の総利用可能高が物理的に確定でき，減価が主として固定資産の利用に比例して発生するものに適用することができる。したがって，適用される固定資産の範囲は自動車，航空機，鉱業用設備などに限定される（注解注 20）。

　設例 3

　×1 年度期首に購入した車両について，①定額法，②定率法，③級数法，④生産高比例法により，各年度の減価償却費を計算しなさい。
① 　取得原価：2,000,000 円，残存価額：200,000 円，耐用年数：5 年
② 　定率法の償却率：0.369
③ 　見積走行距離：20 万km
④ 　実際走行距離：×1 年度；7 万km，×2 年度；6 万km，×3 年度；4 万km，
　　　　　　　　　　　　×4 年度；2 万km，×5 年度；1 万km

　解答
① 　定額法
・×1 年度〜×5 年度：$\dfrac{2,000,000 円 - 200,000 円}{5 年} = 360,000$ 円
② 　定率法
・×1 年度：2,000,000 円 × 0.369 = 738,000 円
・×2 年度：(2,000,000 円 - 738,000 円) × 0.369 = 465,678 円
・×3 年度：(2,000,000 円 - 738,000 円 - 465,678 円) × 0.369 = 293,843 円
・×4 年度：(2,000,000 円 - 738,000 円 - 465,678 円 - 293,843 円) × 0.369
　　　　　= 185,415 円
・×5 年度：(2,000,000 円 - 200,000 円) - (738,000 円 + 465,678 円 + 293,843 円
　　　　　+ 185,415 円) = 117,064 円
③ 　級数法
・×1 年度：(2,000,000 円 - 200,000 円) × 5/15 = 600,000 円
　　　　　　※耐用年数の算術級数総和：1 + 2 + 3 + 4 + 5 = 15

・×2年度：(2,000,000円 − 200,000円)×4/15 = 480,000円
・×3年度：(2,000,000円 − 200,000円)×3/15 = 360,000円
・×4年度：(2,000,000円 − 200,000円)×2/15 = 240,000円
・×5年度：(2,000,000円 − 200,000円)×1/15 = 120,000円
④　生産高比例法
・×1年度：(2,000,000円 − 200,000円)×7km /20km = 630,000円
・×2年度：(2,000,000円 − 200,000円)×6km /20km = 540,000円
・×3年度：(2,000,000円 − 200,000円)×4km /20km = 360,000円
・×4年度：(2,000,000円 − 200,000円)×2km /20km = 180,000円
・×5年度：(2,000,000円 − 200,000円)×1km /20km = 90,000円

(3) 税法上の減価償却

　前述のように，2007年4月1日以降に取得した有形固定資産については，残存価額がゼロになった（最終年度は備忘価額の1円まで償却する）。そのため，定率法を適用する場合，定額法の償却率の2倍（耐用年数が5年の場合は 1/5×2 = 2/5，10年の場合は 1/10×2 = 2/10）の償却率を用いる。これを**200%定率法**という。

　この償却率で計算した金額が，償却保証額（＝取得原価×保証率）を下回ったら，その年度以降は改定取得原価（期首帳簿価額）に改定償却率を乗じた金額を減価償却費とする（保証率，改定償却率は耐省別表第九，第十に掲載されている）。

設例4

　×1年度期首に購入した備品（取得原価2,000,000円，残存価額ゼロ，耐用年数5年）について，200%定率法により各年度の減価償却費を計算しなさい。なお，保証率は0.10800，改定償却率は0.500である。

解答

・×1年度の減価償却費 = 2,000,000円×2/5 = 800,000円

・×2年度の減価償却費 = 1,200,000 円 × 2/5 = 480,000 円
・×3年度の減価償却費 = 720,000 円 × 2/5 = 288,000 円
・×4年度の減価償却費：

①　432,000 円 × 2/5 = 172,800 円

②　2,000,000 円 × 0.10800 = 216,000 円

→①＜②→改定償却率による減価償却計算を行う。

432,000 円 × 0.500 = 216,000 円
・×5年度の減価償却費 = 216,000 円 − 1 円 = 215,999 円

（注）　2007 年 4 月 1 日から 2012 年 3 月 31 日までに取得した有形固定資産に対しては，定額法の償却率の 2.5 倍の償却率を用いる。

（4）個別償却と総合償却

個々の固定資産を償却単位として，個別的に減価償却を行う方法を**個別償却**という。これに対して，複数の固定資産を償却単位として，一括して減価償却を行う方法を**総合償却**と呼ぶ。

総合償却には，耐用年数の異なる多数の異種資産について平均耐用年数を用いて一括的に減価償却を行う方法と，耐用年数の等しい同種資産を 1 グループとして減価償却を行う方法がある（連続意見書（第三）第一，十）。前者が本来の意味での総合償却であり，後者を組別償却という。

総合償却で用いる平均耐用年数は，次の算式により計算する。

$$平均耐用年数 = \frac{要償却額の総計}{定額法で計算した減価償却費の合計額}$$

設例 5

当社は機械 A（取得原価 600,000 円，残存価額ゼロ，耐用年数 8 年），機械 B（取得原価 1,000,000 円，残存価額ゼロ，耐用年数 10 年），機械 C（取得原価 1,500,000 円，残存価額ゼロ，耐用年数 12 年）を保有している。総合償却による減価償却費を計算しなさい。

解答

・機械 A の減価償却費 = 600,000 円 /8 年 = 75,000 円

・機械 B の減価償却費 = 1,000,000 円 /10 年 = 100,000 円

・機械 C の減価償却費 = 1,500,000 円 /12 年 = 125,000 円

・平均耐用年数 = $\dfrac{600,000 \text{ 円} + 1,000,000 \text{ 円} + 1,500,000 \text{ 円}}{75,000 \text{ 円} + 100,000 \text{ 円} + 125,000 \text{ 円}}$ = 10 年

・減価償却費 = $\dfrac{600,000 \text{ 円} + 1,000,000 \text{ 円} + 1,500,000 \text{ 円}}{10 \text{ 年}}$ = 310,000 円

(5) 減価償却の記帳と表示

　減価償却の記帳方法には，**直接法**と**間接法**がある。直接法とは，償却額を固定資産の勘定の貸方に記入し，その残高を直接減額させる方法である。また，間接法は償却額を減価償却累計額勘定の貸方に記入する方法で，固定資産の勘定は取得原価のまま据え置かれ，減価償却累計額を通じて，償却額が間接的に控除される。

　減価償却累計額は，有形固定資産の科目ごとに取得原価から控除する形式で表示する（原則第三，五 D）。ただし，有形固定資産の科目ごとに取得原価を記載し，これらの減価償却累計額を一括して控除する方法と，有形固定資産の科目ごとに未償却残高を記載し，これらの減価償却累計額を注記する方法も認められている（注解注 17）。

(6) 取替法と減耗償却

①取替法

　鉄道会社のレールや電力会社の送電線のように，同種の資産によって構成され，その一部を取り替えることによって固定資産全体の価値が維持されるような資産を取替資産という。取替資産については，減価償却を行う代わりに，部分的取替に要した支出を，その期間の費用（取替費）として処理する**取替法**の適用が認められている（注解注 20）。

②減耗償却

　鉱山，油田，山林のように，採取により次第に減耗し，枯渇する天然資源

を減耗性資産（または枯渇性資産）といい，減耗性資産については，**減耗償却**を適用する。減耗償却は手続的には生産高比例法と同じだが，それ自体が生産に役立つのではなく，採取により製品化される固定資産に適用される償却である点，また，採取量に基づく償却である点で，減価償却とは異なる原価配分の方法である（連続意見書（第三）第一，六 2）。

(7) 減価償却に関する変更
①耐用年数・残存価額の変更
　固定資産の使用状況や環境の変化などによる耐用年数の短縮や残存価額の減額は，会計上の見積もりの変更として取り扱い，その変更を当期以降の減価償却計算に影響させる（会計方針等基準 17 項，57 項）。未償却残高を変更後の残存耐用年数・残存価額で償却すればよい。

設例 6

　×1 年度期首に取得した備品（取得原価 500,000 円，残存価額 10％，耐用年数 10 年）について，定額法による減価償却を行ってきたが，×5 年度期首から残存価額をゼロ，残存耐用年数を 4 年に変更した。×5 年度の減価償却費を計算しなさい。

解答

$$×5 \text{ 年度期首の帳簿価額} = 500{,}000 \text{ 円} - \frac{500{,}000 \text{ 円} - 50{,}000 \text{ 円}}{10 \text{ 年}} × 4 \text{ 年}$$
$$= 320{,}000 \text{ 円}$$

$$×5 \text{ 年度の減価償却費} = 320{,}000 \text{ 円} /4 \text{ 年} = 80{,}000 \text{ 円}$$

---

②減価償却方法の変更
　減価償却方法の変更は，会計方針の変更ではあるものの，見積もりの変更を伴うものと考えられる。そのため，会計上の見積もりの変更と同様に取り扱い，新たな減価償却方法の遡及適用は行わない（同 19 項 -20 項，59 項 -62 項）。ただし，変更時には，①変更の内容，②変更を行った正当な理由，

③当期への影響額を注記しなければならない（同 19 項）。

　×1 年度期首に取得した備品（取得原価 500,000 円，残存価額ゼロ，耐用年数 10 年）について，×3 年度から①定額法から 200％定率法へ変更した場合と，② 200％定率法から定額法へ変更した場合の減価償却費を計算しなさい。

解答
① 　定額法から定率法への変更

・×3 年度期首の帳簿価額 $= 500,000 \text{ 円} - \dfrac{500,000 \text{ 円}}{10 \text{ 年}} \times 2 \text{ 年} = 400,000 \text{ 円}$

・×3 年度の減価償却費 $= 400,000 \text{ 円} \times 2/8 = 100,000 \text{ 円}$

② 　定率法から定額法への変更

・×3 年度期首の帳簿価額 $= 500,000 \text{ 円} - (500,000 \text{ 円} \times 2/10 + 400,000 \text{ 円} \times 2/10)$
$$= 320,000 \text{ 円}$$

・×3 年度の減価償却費 $= 320,000 \text{ 円} / 8 \text{ 年} = 40,000 \text{ 円}$

第 4 節　減損会計

1　減損会計の意義

　資産の収益性の低下により，投資額の回収が見込めなくなった状態を固定資産の減損といい，そのような状態が生じた場合には，一定の条件の下で回収可能性を反映させるように帳簿価額を減額しなければならない。これを減損会計という（減損意見書三 3）。

2　減損会計の対象

　減損会計の対象は固定資産に分類される資産，つまり，有形固定資産，無形固定資産および投資その他の資産に含まれる資産である（減損基準一，減損適用指針 5 項）。したがって，次節で解説するリース資産，次章で解説す

る法律上の権利やのれん，自社利用目的のソフトウェアも減損会計の対象となる。ただし，他の会計基準に減損処理に関する定めがある金融資産，繰延税金資産，市場販売目的のソフトウェア，退職給付に係る資産は対象から除かれる（同一，同6項）。

3　減損会計の手続

(1)　資産のグルーピング

　減損損失の認識と測定は，資産または資産グループごとに行われる。ここで資産または資産グループとは，他の資産または資産グループのキャッシュ・フローから概ね独立したキャッシュ・フローを生み出す最小の単位である（減損基準二6（1））。例えば，ある工場の建物，土地，機械装置が一体となって，製品を製造・販売し，単独でキャッシュ・フローを生み出していると判断されれば，これらをグルーピングの単位とする。

(2)　減損の兆候の判定

　資産または資産グループに減損が生じている可能性を示す事象（減損の兆候）がある場合には，その資産または資産グループについて，減損損失を認識するかどうかの判定を行う。減損の兆候とは，例えば，次のような事象である（同二1）。

　①資産または資産グループが使用されている営業活動から生ずる損益またはキャッシュ・フローが，継続してマイナスとなっている（継続してマイナスとなる見込みである）こと。

　②資産または資産グループが使用されている範囲または方法について，その資産または資産グループの回収可能価額を著しく低下させる変化が生じた（生ずる見込みである）こと。

　③資産または資産グループが使用されている事業に関連して，経営環境が著しく悪化した（悪化する見込みである）こと。

　④資産または資産グループの市場価格が著しく下落したこと。

（3）減損損失の認識と測定

①減損損失の認識

　資産または資産グループに減損の兆候がある場合，資産または資産グループから得られる割引前将来キャッシュ・フローの総額と帳簿価額を比較して，減損損失を認識するかどうかの判定を行う。そして，前者が後者を下回るときには，減損の存在が相当程度に確実であると見なし，減損損失を認識する（同二2（1））。割引前将来キャッシュ・フローを見積もる期間は，資産の経済的残存使用年数と20年のいずれか短い方とする（同二2（2））。

②減損損失の測定

　減損損失を認識すべきであると判定された資産または資産グループについては，帳簿価額を回収可能価額まで減額し，この減少額を減損損失として当期の特別損失に計上する（同二3，四2）。ここで回収可能価額とは，①正味売却価額（売却による回収額。資産または資産グループの時価から処分費用見込額を控除して算定）と，②使用価値（使用による回収額。資産または資産グループから得られる将来キャッシュ・フローの現在価値）のいずれか高い方の金額をいう（減損注解注1）。

③減損損失の配分

　資産グループについて認識された減損損失は，帳簿価額に基づく比例配分などの合理的な方法により，その資産グループを構成する各資産に配分する（減損基準二6（2））。

設例8

　保有する備品（取得原価500,000円，残存価額ゼロ円，耐用年数10年。減価償却の計算方法は定額法。取得から7年経過）に減損の兆候がみられたため，将来キャッシュ・フローを予測したところ，今後3年間，各年につき45,000円のキャッシュ・フローが生ずることが見込まれた。

①　この備品について，減損損失を認識すべきか。

②　減損損失を認識すべきと判断された場合の仕訳を示しなさい。なお，現時点における備品の正味売却価額は120,000円，使用価値を求める際に適用す

る割引率は 5% とする。

① 認識する。
② （借）減　損　損　失　　　27,454　（貸）備　　　　　品　　　27,454

① 「帳簿価額 150,000 円（＝ 500,000 円 − 350,000 円）＞割引前将来キャッシュ・フロー 135,000 円（＝ 45,000 円 × 3 年）」なので，減損損失を認識する。

② 使用価値 $= \dfrac{45,000\ 円}{1 + 0.05} + \dfrac{45,000\ 円}{(1 + 0.05)^2} + \dfrac{45,000\ 円}{(1 + 0.05)^3} = 122,546\ 円$

　「正味売却価額 120,000 円＜使用価値 122,546 円」なので，使用価値を回収可能額として，備品の帳簿価額との差額を減損損失する。

　減損損失 ＝ 帳簿価額 − 回収可能額 ＝ 150,000 円 − 122,546 円 ＝ 27,454 円

（4）減損処理後の会計処理

　減損処理を行った資産については，減損損失を控除した帳簿価額に基づき減価償却を行う（同三 1）。

　また，減損損失の戻入れは行わない（同三 2）。減損損失の認識と測定は減損の存在が相当程度確実な場合に限定されており，さらに，戻入れは事務的負担を増大させるおそれがあるからである（減損意見書四 3（2））。

第 5 節　リース資産

1　リース取引の意義

（1）リース取引の意義

　リース物件の所有者である貸手が，この物件の借手に対して，リース期間にわたりこれを使用する権利を与え，借手はリース料を貸手に支払う取引をリース取引という（リース基準 4 項）。

(2) ファイナンス・リース取引とオペレーティング・リース取引

リース取引はその性質によって，ファイナンス・リース取引とオペレーティング・リース取引に分類される。

ファイナンス・リース取引とは，①リース契約に基づくリース期間の中途において，その契約を解除できないリース取引（解約不能のリース取引）で，②借手がリース物件からもたらされる経済的利益を実質的に享受でき，かつ，リース物件の使用に伴って生ずるコストを実質的に負担するリース取引（フルペイアウトのリース取引）であり，それ以外のリース取引をオペレーティング・リース取引という（同5項，6項）。

リース取引がファイナンス・リース取引に該当するかどうかについては，上記の要件を満たす必要があり，その経済的実質に基づいて判断すべきだが，次の①または②のいずれかに該当するものが，ファイナンス・リース取引と判定される（リース適用指針9項）。

①現在価値基準

リース料総額の現在価値が，そのリース物件の見積現金購入価額（借手がこれを現金で購入すると仮定した場合の合理的見積金額）の概ね90％以上であること。

②経済的耐用年数基準

解約不能のリース期間が，そのリース物件の経済的耐用年数の概ね75％以上であること。

設例9

×1年4月1日，下記のリース契約を締結した。このリース取引が，ファイナンス・リース取引に該当するか否かを判定しなさい。

① 解約不能のリース期間：3年

② 当社の見積現金購入価額：135,000円（貸手のリース物件の購入価額はこれと等しいが，当社には明示されていない）

③ リース料：年50,000円，支払いは毎年度末（3月31日，現金払い）

④ リース物件の経済的耐用年数：4年

⑤　当社の追加借入利子率：5％（貸手の計算利子率は当社にとって知りえない）

解答

・現在価値基準による判定

$$\frac{50,000\ 円}{1+0.05}+\frac{50,000\ 円}{(1+0.05)^2}+\frac{50,000\ 円}{(1+0.05)^3}=136,162\ 円$$

$$\frac{リース料総額の現在価値\ 136,162\ 円}{見積現金購入価額\ 135,000\ 円}=100.86\％＞90\％$$

・経済的耐用年数基準による判定

$$\frac{リース期間\ 3\ 年}{経済的耐用年数\ 4\ 年}=75\％\geqq75\％$$

　現在価値基準および経済的耐用年数基準により，このリース取引はファイナンス・リース取引に該当する。

2　ファイナンス・リース取引の会計処理

（1）ファイナンス・リース取引の分類

　ファイナンス・リース取引は，リース契約上の諸条件に照らして，リース物件の所有権が借手に移転すると認められるリース取引（所有権移転ファイナンス・リース取引）と，それ以外の取引（所有権移転外ファイナンス・リース取引）に分類される（リース基準 8 項）。

　次の①から③のいずれかに該当するものが，所有権移転ファイナンス・リース取引と判定される（リース適用指針 10 項）。

①リース契約上，リース物件の所有権が借手に移転することとされているリース取引

②リース契約上，借手に対してリース物件の割安購入選択権が与えられており，その行使が確実に予想されるリース取引

③リース物件が，借手の用途に合わせて特別な仕様で製作されており，その使用可能期間を通じて借手によってのみ使用されることが明らかなリ

ース取引

(2) ファイナンス・リース取引の会計処理

①リース資産・リース債務の計上

ファイナンス・リース取引は，通常の売買取引に準じた会計処理を行う（リース基準9項）。つまり，リース物件（有形固定資産）を割賦契約で購入したものとして処理する。そこでまず，リース取引開始日に，リース物件とこれに係る債務を**リース資産**および**リース債務**として計上する（同10項）。リース資産およびリース債務の計上額はリース料総額から利息相当額を控除して算定するが（同11項），その計上額は，所有権移転ファイナンス・リース取引と，所有権移転外ファイナンス・リース取引では異なる。

所有権移転ファイナンス・リース取引では，①リース物件の貸手の購入価額が明らかな場合は，その価額，②貸手の購入価額が明らかでない場合は，リース料総額の現在価値と見積現金購入価額とのいずれか低い額をリース資産およびリース債務の計上額とする（リース適用指針37項）。

また，所有権移転外ファイナンス・リース取引では，①リース物件の貸手の購入価額が明らかな場合は，リース料総額の現在価値と貸手の購入価額とのいずれか低い額，②貸手の購入価額が明らかでない場合は，リース料総額の現在価値と見積現金購入価額とのいずれか低い額をリース資産およびリース債務の計上額とする（同22項）。

②支払リース料の処理

リース料総額は，利息相当額部分とリース債務の元本返済額部分とに区分計算し，前者は支払利息として処理し，後者はリース債務の元本返済として処理する（同23項）。利息相当額をリース期間中の各期に配分する方法は，利息法による（リース基準11項）。

③減価償却

所有権移転ファイナンス・リース取引の場合，リース資産の減価償却費は，自己所有の固定資産に適用する減価償却方法と同一の方法により算定する。また，所有権移転外ファイナンス・リース取引の場合，リース資産の減

価償却費は，リース期間を耐用年数とし，残存価額をゼロとして算定する（同 12 項）。

設例 10

設例 9 のリース取引が所有権移転ファイナンス・リース取引だった場合，①×1 年 4 月 1 日（リース契約締結日），②×2 年 3 月 31 日（決算日）の仕訳を示しなさい。なお，当社は減価償却の方法として定額法（残存価額は取得原価の 10％）を採用している。

解答

①	（借）リ ー ス 資 産	135,000	（貸）リ ー ス 債 務	135,000
②	（借）リ ー ス 債 務	42,630	（貸）現　　　　　金	50,000
	支 払 利 息	7,370		
	（借）減 価 償 却 費	30,375	（貸）リース資産減価償却累計額	30,375

解説

・「リース料総額の現在価値 136,162 円＞見積現金購入価額 135,000 円」なので，見積現金購入価額をリース資産およびリース債務の計上額とする。

・利息相当額の算定に必要な利子率

$$\frac{50,000\text{ 円}}{1+r} + \frac{50,000\text{ 円}}{(1+r)^2} + \frac{50,000\text{ 円}}{(1+r)^3} = 135,000\text{ 円}$$

計算（Excel の IRR 関数を使用）の結果，利子率 r は 5.4589％となる。

・リース債務の返済スケジュール（円未満は四捨五入）

返済日	期首元本	返済額	元本分	利息分	期末元本
×2/3/31	135,000 円	50,000 円	42,630 円	7,370 円	92,370 円
×3/3/31	92,370 円	50,000 円	44,958 円	5,042 円	47,412 円
×4/3/31	47,412 円	50,000 円	47,412 円	2,588 円	0 円
合計	—	150,000 円	135,000 円	15,000 円	—

注）利息分＝期首元本×5.4589％，元本分＝返済額－利息分

・減価償却費は定額法（残存価額は取得原価の 10％，耐用年数は経済的耐用年

数4年）で計算する。

$$\frac{135,000 円 - 13,500 円}{4 年} = 30,375 円$$

なお，このリース取引が所有権移転外ファイナンス・リース取引だった場合，減価償却費は45,000円（＝135,000円/3年）である。

3　オペレーティング・リース取引の会計処理

オペレーティング・リース取引については，通常の賃貸借取引に係る方法に準じて会計処理を行う（同15項）。つまり，リース料を支払ったときに，支払リース料など費用の勘定で処理する。

第**8**章

無形固定資産・繰延資産会計

第1節　無形固定資産

1　無形固定資産の意義

　建物や土地などのように具体的な形はもたないものの，長期間にわたり企業経営に利用される資産を**無形固定資産**といい，①法律上の権利，②のれん，③ソフトウェアに区分される。

(1)　法律上の権利

　法律上の権利には，次のようなものがある（財規27条）。

　①特許権（自然法則を利用した新規かつ高度で，産業上利用可能な発明を独占的に使用する権利）

　②借地権（建物の所有を目的とする地上権または土地の賃借権）

　③商標権（商品やサービスを区別するために使用する文字，図形，記号などを独占的に使用する権利）

　④実用新案権（物品の形状，構造，組合せに関する考案を独占的に使用する権利）

　⑤意匠権（独創的で美観を有する物品の形状，構造，色彩などのデザインを独占的に使用する権利）

　⑥鉱業権（一定の区域内で，登録を受けた鉱物などを掘採・取得する権利）

　⑦漁業権（一定の水面で，特定の漁業を一定の期間排他的に営む権利）

(2) のれん

　ある企業が同業他社よりも高い収益獲得能力をもっている場合，その超過収益力の対価を**のれん**という。立地条件の良さ，有能な経営者，優れた技術力，取引先や株主・債権者との良好な関係など，さまざまな要因が結びついて，企業に超過収益力をもたらす。

　のれんは企業努力によって，企業内部で形成されるものであるが，自らが創造したのれん（自己創設のれん）は，資産計上が認められていない（注解注25）。その資産価値を客観的に測定することが困難だからである。また，討議資料「財務会計の概念フレームワーク」でも，自己創設のれんの計上は，経営者による企業価値の自己評価・自己申告を意味するため，財務報告の目的に反するとして，資産計上が否定されている（第3章脚注14）。

　これに対して，有償で取得したのれん（買入れのれん）は，資産計上が認められている（注解注25）。つまり，企業結合において，合併・買収の対価（株式や現金）が，被合併会社・被買収会社から受け入れた資産と引き受けた負債の純額を上回る場合には，その超過額をのれんとして無形固定資産に計上することができる（企業結合基準31項）。

(3) ソフトウェア

　コンピュータに一定の仕事を行わせるためのプログラムなどを**ソフトウェア**という。自社利用を目的としてソフトウェアを購入したときは，無形固定資産として計上する（研究開発費基準四3，4）。また，ソフトウェア制作費については，その制作目的によって処理が異なるが，**図表8-1**の網掛け部分が無形固定資産として計上される制作費である。

2　無形固定資産の取得原価と償却

(1) 法律上の権利

　法律上の権利の取得原価は，有形固定資産の取得原価同様，取得形態に応じて決定される。また，有形固定資産と同じように，規則的・計画的な償却を行う。その際，産業財産権（特許権，実用新案権，商標権および意匠権）

図表8-1　ソフトウェア制作費の会計処理

制作目的		会計処理
研究開発目的のソフトウェア制作費		研究開発費
受注制作のソフトウェア制作費		売上原価または棚卸資産
市場販売目的のソフトウェア	最初に製品化された製品マスターの完成までの費用	研究開発費
	製品マスターまたは購入したソフトウェアの機能の著しい改良に要した費用	研究開発費
	バグ取り，ウィルス防止など，製品マスターの機能維持に要した費用	発生時の費用
	製品マスターまたは購入したソフトウェアの機能の改良・強化に要した費用	無形固定資産
	製品としてのソフトウェアの制作原価	製造原価
自社利用目的のソフトウェア	将来の収益獲得または費用削減が確実な場合	無形固定資産
	将来の収益獲得または費用削減が確実ではない場合	発生時の費用

注：研究（新しい知識の発見を目的とした計画的な調査・探究）または開発（新しい製品・サービス・生産方法についての計画・設計または既存の製品などを著しく改良するための計画・設計として，研究の成果その他の知識を具体化すること）に係る費用を研究開発費といい（研究開発費基準一），研究開発費は，すべて発生時に費用として処理しなければならない（同三）。

出所：「研究開発費等に係る会計基準」「研究開発費及びソフトウェアの会計処理に関する実務指針」をもとに筆者作成。

については，陳腐化や需要変動などを考慮し，法定の存続期間よりも短く設定された税法上の耐用年数を用いることが多い。例えば，特許権の存続期間は特許出願日から20年だが（特許法67条1項），税法上の耐用年数は8年である（耐省別表第三）。同様に，実用新案権は5年，意匠権は7年，商標権は10年に短縮されている（同）。

　また，法律上の権利は，利用期間経過後の処分価値はないと考えられるので，残存価額をゼロとした**定額法**により償却費を計算する。記帳方法は**直接法**を用いる。

×1 年 4 月 1 日，特許権 1,200,000 円を購入し，代金は小切手を振り出して支払った。特許権は 8 年で償却する。①購入時，②決算日（×2 年 3 月 31 日）の仕訳を示しなさい。

解答

① （借）特　　許　　権　1,200,000　（貸）当　座　預　金　1,200,000
② （借）特 許 権 償 却　　150,000　（貸）特　　許　　権　　150,000

(2) のれん

のれんは，資産計上後，20 年以内のその効果の及ぶ期間にわたり，定額法などの合理的な方法によって規則的に償却する（企業結合基準 32 項)。規則的な償却を行う理由は，以下のとおりである（同 105 項 -106 項)。

①企業結合の成果たる収益と，その対価の一部を構成する投資消去差額の償却という費用の対応が可能になる。

②企業結合により生じたのれんは時間の経過とともに自己創設のれんに入れ替わる可能性があるため，企業結合により計上したのれんの非償却による自己創設のれんの実質的な資産計上を防ぐことができる。

③のれんのうち，価値の減価しない部分の存在も考えられるが，その部分だけを合理的に分離することは困難であり，分離不能な部分を含め，規則的な償却を行う方法には一定の合理性があると考えられる。

④競争の進展によって，通常はのれんの価値が減価するにもかかわらず，規則的償却を行わなければ，競争の進展に伴うのれんの価値の減価の過程を無視することになる。

設例 2

×1 年 4 月 1 日，諸資産 30,000,000 円，諸負債 15,000,000 円の沖国商事株式会社を 25,000,000 円で買収し，代金は小切手を振り出して支払った。なお，諸資産の時価は 40,000,000 円，諸負債の時価は 20,000,000 円であった。買収時に

発生したのれんは 20 年で償却する。①買収時，②決算日（×2 年 3 月 31 日）
の仕訳を示しなさい。

|解答|

① （借）諸　　資　　産　40,000,000　（貸）諸　　負　　債　20,000,000
　　　　　の　　れ　　ん　 5,000,000　　　　当　座　預　金　25,000,000
② （借）の れ ん 償 却　　 250,000　（貸）の　　れ　　ん　　　 250,000

|解説|

のれん＝買収価額−（諸資産の時価総額−諸負債の時価総額）
　　　 ＝25,000,000 円 −（40,000,000 円 − 2,000,000 円）＝5,000,000 円
のれん償却＝5,000,000 円 /20 年＝250,000 円

（3）ソフトウェア

①市場販売目的のソフトウェア

市場販売目的のソフトウェアは，見込販売数量（または収益）に基づく償
却を行う（研究開発費基準四 5）。

$$減価償却費 ＝ 未償却残高 × \frac{当年度の販売数量（収益）}{期首の見込販売数量（収益）}$$

ただし，毎期の償却額は，残存有効期間に基づく均等配分額を下回っては
ならない（同）。販売可能な有効期間の見積もりは，原則として，3 年以内
とする（研究開発費実務指針 42 項）。

|設例 3|

×1 年 4 月 1 日，市場販売目的のソフトウェア制作費 600,000 円を計上した。
このソフトウェアの見込有効期間は 3 年で，見込販売数量（収益）は以下のと
おりであった。各年度の減価償却費を求めなさい（決算日は 3 月 31 日）。

	期首の見込 販売数量	実際の 販売数量	見込 販売単価	期首の見込 販売収益	実際の 販売収益
×1年度	450 個	150 個	1,000 円	408,000 円	150,000 円
×2年度	300 個	180 個	900 円	258,000 円	162,000 円
×3年度	120 個	120 個	800 円	96,000 円	96,000 円

解答

① 見込販売数量に基づく減価償却費

・×1年度：200,000円

$$600,000 円 \times \frac{150 個}{450 個} = 200,000 円 = \frac{600,000 円}{3 年} = 200,000 円$$

・×2年度：240,000円

$$400,000 円 \times \frac{180 個}{300 個} = 240,000 円 > \frac{400,000 円}{2 年} = 200,000 円$$

・×3年度：600,000円 − （200,000円 + 240,000円）= 160,000円

② 見込販売収益に基づく減価償却費

・×1年度：220,588円

$$600,000円 \times \frac{150,000 円}{408,000 円} = 220,588円 > \frac{600,000 円}{3 年} = 200,000円$$

・×2年度：283,235円

$$379,412円 \times \frac{162,000 円}{258,000 円} = 238,235円 > \frac{379,412 円}{2 年} = 189,706円$$

・×3年度：600,000円 − （220,588円 + 238,235円）= 141,177円

②自社利用目的のソフトウェア

市場販売目的のソフトウェアと比べ，自社利用目的のソフトウェアは収益との直接的な対応関係が希薄で，また，物理的な劣化を伴わないので，**定額法による償却**を行う（同45項）。その際，税法上の耐用年数である5年で償却することが多い。

第2節　繰延資産

1　繰延資産の意義

　すでに代価の支払いが完了（または支払義務が確定）し，これに対応する役務の提供を受けたにもかかわらず，その効果が将来にわたって発現すると期待される費用は，次期以後の期間に配分して処理するため，**繰延資産**として資産の部に記載することができる（原則第三，一 D，注解注 15）。期間損益計算を適正に行うという観点から，支出額を当期のみの費用として処理するのではなく，その効果が及ぶ数期間に合理的に配分するため，経過的に資産として計上するのである。

　このように，繰延資産が資産として計上されるのは，費用配分の原則によるものであり，換金能力という財産性を有するからではない（連続意見書（第五）第一，二）。そのため，旧商法では創立費，開業準備費，開発費及び試験研究費，新株発行費，社債発行費，社債発行差金，建設利息の 7 項目に限り，資産計上を認めていた。現在，繰延経理が認められているのは，株式交付費，社債発行費等，創立費，開業費，開発費の 5 つであり（財規 36 条），配当規制の対象となっている（計規 158 条）。

　　（注）　会社法と同時に施行された会社計算規則には，繰延資産の範囲について，
　　　　　「繰延資産に計上することが適当であると認められるもの」（74 条 3 項五）と
　　　　　いう規定しかない。そのため，繰延資産の会計処理は，企業会計基準委員会が
　　　　　2006 年に公表した実務対応報告第 19 号「繰延資産の会計処理に関する当面の
　　　　　取扱い」に基づいて行われる。

2　繰延資産の種類と償却

（1）株式交付費

　株式交付費とは，株式募集のための広告費，金融機関の取扱手数料，証券会社の取扱手数料，目論見書・株券などの印刷費，変更登記の登録免許税など，株式の交付のために直接支出した費用をいう（当面の取扱い 3 （1））。

株式交付費は，原則として，支出時に費用（営業外費用）として処理するが，企業規模の拡大のために行う資金調達などの財務活動に係る金額については，繰延資産に計上することもできる。この場合，株式交付時から 3 年以内の，その効果の及ぶ期間にわたって，定額法による償却を行わなければならない（同）。

設例 4

×4 年 4 月 1 日，未発行株式のうち 50 株を 1 株あたり 70,000 円で発行し，払込金を当座預金とした。なお，会社法が認める最低額を資本金に組み入れた。また，株式発行に関する諸費用 60,000 円は現金で支払い，これを繰延資産に計上した。①新株発行時，②決算日（×2 年 3 月 31 日）の仕訳を示しなさい。

解答

①	（借）当 座 預 金	3,500,000	（貸）資　本　金	1,750,000
			資 本 準 備 金	1,750,000
	（借）株 式 交 付 費	60,000	（貸）現　　金	60,000
②	（借）株式交付費償却	20,000	（貸）株 式 交 付 費	20,000

(2) 社債発行費等（新株予約権の発行に係る費用を含む）

社債発行費とは，社債募集のための広告費，金融機関の取扱手数料，証券会社の取扱手数料，目論見書・社債券などの印刷費，社債の登記の登録免許税など，社債発行のため直接支出した費用をいう（同 3 (2)）。

社債発行費は，原則として，支出時に費用（営業外費用）として処理するが，繰延資産に計上することもできる。この場合，社債の償還までの期間にわたり利息法による償却を行わなければならない。ただし，継続適用を条件として，定額法を採用することができる（同）。

また，新株予約権の発行に係る費用についても，資金調達などの財務活動に係るものについては，社債発行費と同様に繰延資産として計上することができる。この場合，新株予約権の発行時から 3 年以内の，その効果の及ぶ期

間にわたって，定額法による償却を行わなければならない（同）。

(3) 創立費

創立費とは，会社が負担する設立費用，例えば，定款および諸規則作成のための費用，株式募集のための広告費など，会社設立事務に関して必要な費用，発起人が受け取る報酬，設立登記の登録免許税などをいう（同3（3））。

創立費は，原則として，支出時に費用（営業外費用）として処理するが，繰延資産に計上することもできる。この場合，会社の成立時から5年以内の，その効果の及ぶ期間にわたって，定額法による償却を行わなければならない（同）。

(4) 開業費

開業費とは，土地，建物などの賃借料，広告宣伝費，通信交通費，事務用消耗品費，支払利子，使用人の給料，保険料，電気・ガス・水道料などで，会社成立後，営業開始時までに支出した開業準備のための費用をいう（同3（4））。

開業費は，原則として，支出時に費用（営業外費用）として処理するが，繰延資産に計上することもできる。この場合，開業時から5年以内の，その効果の及ぶ期間にわたって，定額法による償却を行わなければならない（同）。

(5) 開発費

開発費とは，新技術または新経営組織の採用，資源の開発，市場の開拓などのために支出した費用，生産能率の向上または生産計画の変更などにより，設備の大規模な配置替えを行った場合などの費用をいう（同3（5））。

開発費は，原則として，支出時に費用（売上原価または販売費及び一般管理費）として処理するが，繰延資産に計上することもできる。この場合，支出時から5年以内の，その効果の及ぶ期間にわたって，定額法その他の合理的な方法により規則的な償却を行わなければならない（同）。

（6）支出の効果が期待されなくなった繰延資産の会計処理

支出の効果が期待されなくなった繰延資産は，その未償却残高を一時に償却しなければならない（同3（6））。

設例5

×1年1月1日，新市場開拓の活動ために500,000円を現金で支払い，これを繰延資産に計上し，決算日（12月31日）ごとに定額法（償却期間5年）による償却を行っていた。×4年12月31日，その支出の効果が期待されなくなったので，未償却残高を全額償却した。×4年12月31日の仕訳を示しなさい。

解答

（借）開 発 費 償 却　　200,000　（貸）開　　発　　費　　200,000

解説

未償却残高 = 500,000 円 − $\dfrac{500,000\ 円}{5\ 年}$ × 3 年 = 200,000 円

第 9 章

負債会計

第1節　負債の意義

1　法的拘束性からの分類

　負債とは，将来における何らかの給付または弁済の義務である。これに加えて，期間損益計算の見地から生じる会計上の負債がある。

　これを法的拘束性の見地からみると次のようになる。

　　　　　　　　┌ 確定債務　　　…借入金・買掛金など
　　　┌ 法的債務 ┤
　　　│　　　　　└ 条件付債務　　…退職給付引当金など
　　　│
　　　│　　　　　┌ 期間損益計算合理化の見地から計上される負債
　　　│ 会計上の │　　　　…法的義務のない負債性引当金など
　　　└ 純負債　 ┤
　　　　　　　　　└ 実質優先主義の見地から計上される負債
　　　　　　　　　　　　　…リース負債

2　企業活動上の分類

負債を発生源泉に基づき企業会計の立場から捉えると次のようになる。

①事業負債　　…　企業の営業活動上生じる負債

　　買掛金・支払手形・電子記録債務・前受金・前受収益など

　　正常営業循環基準により，貸借対照表上流動負債として分類される。

②金融負債　　…　企業の金融取引上生じる負債

　　借入金・社債など

基本的に1年基準により，流動負債，固定負債に分類される。

③その他の負債…　上記以外の要因によって発生する負債引当金など

　　1年基準により，流動負債，固定負債に分類される。

第2節　流動負債

1　流動負債の意義

　負債も資産と同様に，流動負債と固定負債に分類される。このうち流動負債は，短期的に解消される性格のものであり，正常営業循環期間内，または1年以内に企業の財またはサービスの提供を生じさせる可能性のあるものを指す（原則第三，四2，注解注16）。

2　流動負債の種類

　流動負債には次のようなものがある。

①営業負債

買掛金	：主たる営業活動により生じた金銭債務
支払手形	：主たる営業活動により生じた手形代金の支払義務
電子記録債務	：主たる営業活動により生じた債務のうち電子債権記録機関に発生が記録されたもの
前受金	：商品の売り渡し契約をした際に，購入代金の一部を手付として受け取った場合の物品提供義務，貸借対照表の表示では契約負債となる

②金融負債

借入金	：金銭を借り入れることによって生じた金銭債務
未払金	：商品以外のものを購入する際に生じた金銭債務

③経過勘定

前受収益	：一定の契約に基づくサービスを提供している場合において決算日現在，未だ提供していない部分について対価を前受

したときに生じるサービス提供義務のことで，貸借対照表の表示では契約負債となる

未払費用　：一定の契約に基づいてサービスを継続的に受ける場合，決算日現在ですでに受けているサービスに対して対価を支払っていないときに生じる代金支払義務のことで，貸借対照表の表示では契約負債となる

④引当金　適正な期間損益のために生じた不確定債務（評価勘定も含む）

第3節　固定負債

　固定負債は，長期的に解消される性格のものであり，貸借対照表日から1年以降に企業の財またはサービスの提供を生じさせる可能性のあるものを指す。

　主なものとして，長期借入金，社債，資産除去債務，繰延税金負債などがある。

1　社債
　社債とは，企業が社債券を発行し，広く資金を一般から集めるために発行する借入証券のことである。

（1）社債の発行
　社債の発行には，(a) 社債の額面金額を払込金額とする**平価発行**，(b) 社債の額面金額よりも高い価格を払込金額とする**打歩発行**，(c) 社債の額面金額よりも低い価格を払込金額とする**割引発行**がある。

　企業は社債の発行時に，払込金額を「社債」勘定に記録する。このとき打歩発行，割引発行の場合には，社債の額面金額と払込金額とに差額が生じることになる。これを**社債発行差金**というが，この差額については，**償却原価法**で処理され，額面金額に対する利息とともに，社債利息として処理される。

　また，社債発行に要した経費は，**社債発行費**で処理される。

　北陸産業株式会社（決算日 3 月 31 日）は，×1 年 4 月 1 日額面総額 10,000,000 円の社債（発行期間は 3 年，利率は年 2 ％，利払いは年 1 回）を額面 100 円につき払込価額 97 円の条件で発行し，払込金は当座預金とした。

　またこの際，小切手を振り出して印刷費等の社債発行費として 600,000 円を支払った。このとき，×1 年 4 月 1 日，×2 年 3 月 31 日，×3 年 3 月 31 日の仕訳を，社債の額面金額と払込金額との差額の処理については，①定額法，②利息法（第 8 章第 2 節参照）として示しなさい。ただし，社債発行費については，定額法により償却すること。

解答

① 定額法

×1 年 4 月 1 日

　　（借）当 座 預 金　　9,700,000　（貸）社　　　　　　債　　9,700,000
　　（借）社 債 発 行 費　　　600,000　（貸）当 座 預 金　　　600,000

×2 年 3 月 31 日

　　（借）社 債 利 息　　　100,000　（貸）社　　　　　　債　　　100,000
　　（借）社 債 利 息　　　200,000　（貸）当 座 預 金　　　200,000
　　（借）社債発行費償却　　200,000　（貸）社 債 発 行 費　　200,000

×3 年 3 月 31 日

　　同上

② 利息法

×1 年 4 月 1 日

　　（借）当 座 預 金　　9,700,000　（貸）社　　　　　　債　　9,700,000
　　（借）社 債 発 行 費　　　600,000　（貸）当 座 預 金　　　600,000

×2 年 3 月 31 日

　　（借）社 債 利 息　　　97,014　（貸）社　　　　　　債　　　97,014
　　（借）社 債 利 息　　　200,000　（貸）当 座 預 金　　　200,000
　　（借）社債発行費償却　　200,000　（貸）社 債 発 行 費　　200,000

×3年3月31日

（借）社　債　利　息　　99,985　（貸）社　　　　　債　　99,985
（借）社　債　利　息　200,000　（貸）当　座　預　金　200,000
（借）社債発行費償却　200,000　（貸）社　債　発　行　費　200,000

※　利息法における実行利子率は3.062％である。

（2）社債の償還

　企業が，社債によって調達した資金を社債権者に返済することを**社債の償還**という。社債の償還には，償還期日（満期日など）や一定の期日に償還する**定時償還**，企業の資金状況に応じて償還する**臨時償還**があり，その方法もいくつかあるが，それは次のとおりである。

　臨時償還においては，償還額（買入価額）と社債の帳簿価額との間に差額が生じる場合があり，その差額については，**社債償還益(損)**勘定で処理する。

設例2

　北陸産業株式会社は×4年3月31日「設例1」の社債を償還し，代金は当座預金より支払った。この仕訳を，①定額法，②利息法により示しなさい。

解答

① 定額法

（借）社　債　利　息　100,000　（貸）社　　　　　債　100,000

（借）社　債　利　息	200,000	（貸）当　座　預　金	200,000
（借）社債発行費償却	200,000	（貸）社　債　発　行　費	200,000
（借）社　　　　　債	10,000,000	（貸）当　座　預　金	10,000,000

② 利息法

（借）社　債　利　息	103,001	（貸）社　　　　　債	103,001
（借）社　債　利　息	200,000	（貸）当　座　預　金	200,000
（借）社債発行費償却	200,000	（貸）社　債　発　行　費	200,000
（借）社　　　　　債	10,000,000	（貸）当　座　預　金	10,000,000

（3）新株予約権付社債

　新株予約権とは，これを有するものが一定期間内に一定の価格で新株を引き受ける，または自己株式の移転を受ける権利をいう。そこで，新株予約権を発行した企業は，これを履行する義務を負い，有償で発行した場合，貸方にその払込金額により新株予約権勘定として計上する。

　この新株予約権が付与された社債を**新株予約権付社債**といい，その会計処理は新株予約権と社債本体とを区分して取り扱う方法（**区分法**）による。またこの新株予約権と社債とが不可分で付与されたものを転換社債型新株予約権付社債といい，この会計処理には，区分法と両者を区分せず一体のものとして取り扱う**一括法**とがある。

設例 3

　次の取引を仕訳しなさい。ただし，（a）一括法と（b）区分法によること。
① ×1年4月1日，盛岡商事株式会社（決算日3月31日）は，額面総額20,000,000円の転換社債型新株予約権付社債を発行し，払込金額を当座預金口座に預け入れた。
　条件：　発行価額：20,000,000円　償還期限：3年　利率：年2％
　　　　　　利払日：3月末，償却原価法（定額法）を適用
　なお，この社債が普通社債として発行されたと仮定した場合の推定値は18,500,000円である。

② ×2年3月31日，決算を迎えた。社債の額面金額と払込金額との差額の処
　理は，定額法によって処理すること。

③ ×3年4月1日，新株予約権の70％についての権利行使がなされ，新株を
　発行した。なお，払込金額の1/2は資本金に組み入れないものとする。

④ ×4年3月31日，上記社債について満期日を迎えた。

解答

（a）一括法

① （借）当 座 預 金 20,000,000 （貸）社 債 20,000,000
② （借）社 債 利 息 400,000 （貸）当 座 預 金 400,000
③ （借）社 債 14,000,000 （貸）資 本 金 7,000,000
　　　　　　　　　　　　　　　　（貸）資 本 準 備 金 7,000,000
④ （借）社 債 6,000,000 （貸）当 座 預 金 6,120,000
　 （借）社 債 利 息 120,000

（b）区分法

① （借）当 座 預 金 18,500,000 （貸）社 債 18,500,000
　 （借）当 座 預 金 1,500,000 （貸）新 株 予 約 権 1,500,000
② （借）社 債 利 息 900,000 （貸）社 債 500,000
　　　　　　　　　　　　　　　　（貸）当 座 預 金 400,000
③ （借）社 債 13,300,000 （貸）資 本 金 7,175,000
　 （借）新 株 予 約 権 1,050,000 （貸）資 本 準 備 金 7,175,000
④ （借）社 債 利 息 150,000 （貸）社 債 150,000
　 （借）社 債 6,000,000 （貸）当 座 預 金 6,120,000
　 （借）社 債 利 息 120,000

解説

（b）区分法については次のように計算する。

② 社債の増価額（20,000,000円 − 18,500,000円）× 12/36 = 500,000円

③ 社債の減額　（18,500,000円 + 500,000円）×70％ ⎱ 1/2 資本金
　 新株予約権　1,500,000円×70％ ⎰ 1/2 資本準備金

131

④ 社債の増加額(20,000,000 円 − 18,500,000 円)×30%×12/36

2 資産除去債務

有形固定資産の取得，建設，開発または通常の使用によって生じ，当該有形固定資産の除去に関して法令または契約で要求される法律上の義務およびそれに準じるものを**資産除去債務**という（資産除去基準 3 項（1））。賃貸借契約における契約規定による原状回復義務（建屋修繕費，土壌汚染浄化費など）や環境関連法令規定事項（アスベスト除去義務など）が挙げられる。

① 資産除去債務は，発生したときに，有形固定資産の除去に要する割引前の将来キャッシュ・フローを見積もり，割引後（貨幣の時間価値を反映した無リスクの税引前の利率）の金額で負債として計上する。また，割引前の将来キャッシュ・フローに重要な見積もりの変更が生じた場合の調整額は，資産除去債務の帳簿価額および関連する有形固定資産の帳簿価額に加減して処理する（同 6 項）。

② 資産除去債務の計上額と同額を関連する有形固定資産の帳簿価額に加える。計上された除去費用は，減価償却を通じて，当該有形固定資産の残存耐用年数にわたり各期に費用配分される（同 7 項）。

③ 時の経過による資産除去債務の調整額（利息費用）は，発生時の費用として減価償却費と同じ区分に計上し，同額を資産除去債務として計上する（同 9 項，14 項）。

設例 4

次の一連の取引について仕訳しなさい。

① ×1 年期首に，取得原価 100,000 円，耐用年数 5 年の機械を小切手を振り出し取得した。当該機械を使用後に除去する法的義務があり，その支出は 5,000 円と見積もられている（割引率は 3.0%とする）。

② 上記機械について×1 年期末決算につき，定額法（残存価格ゼロ）で減価償却するとともに，時の経過による資産除去債務の調整を行った。

解答

①	（借）機　　　　　械	104,313	（貸）当　座　預　金	100,000
			（貸）資 産 除 去 債 務	4,313
②	（借）減 価 償 却 費	20,862	（貸）減 価 償 却 累 計 額	20,862
	（借）資産除去債務調整額	129	（貸）資 産 除 去 債 務	129

第4節　引当金と偶発債務

1　引当金

（1）引当金の意義

　引当金とは，将来の特定の費用または損失であって，その発生が当期以前の事象に起因し，発生の可能性が高く，かつその金額を合理的に見積もることができる場合，当期の負担に属する金額を，当期の費用または損失とした場合に生じる貸方（借方）項目である。これらの項目は，適正な期間損益計算を行うにあたって，発生主義によって費用の見積もり計上を行うときに生じる項目であり，設定の要件として，次の4つが挙げられる（注解注18）。

①将来の費用・損失が特定していること

②費用・損失の発生原因事実が当期以前にあること

③費用・損失の発生の可能性が高いこと

④費用・損失に係る金額の見積もりが合理的に可能なこと

また，引当金をその性質から分類すれば次のとおりである。

①**評価性引当金**…資産価値の未確定減少額（貸倒引当金など）

　　　　　　　　　資産の控除として表示…特定資産の消滅によって解消

②**負債性引当金**…負債の未確定増加額（修繕引当金，退職給付引当金など）

　　　　　　　　　負債の部に表示…将来の支出により解消

（2）評価性引当金（貸倒引当金）

　貸倒引当金は，期末における債権について，次期以降に貸し倒れが見込ま

れるときに，その生じるであろう損失をあらかじめ当期の費用とするために発生する勘定科目である。このため，資産の貸借対照表価額を控除する働きのあることから，**評価性引当金**といわれる。なお，貸し倒れの設定については相手先の財政状態により一般債権，貸倒懸念債権，破産更正債権に区分される（第5章第4節参照）。

___設例5___

次の取引について仕訳しなさい。

① 期末において，売掛金残高200,000円に対して貸倒引当金を設定する（貸倒実績率は3%とする）。

② 元金1,000,000円，年利率5%の貸し付けを行っている相手方の財政状態が悪化したため，協議の上，元金の返済期限を当年度末より2年後へと延期した。決算により，これを貸倒懸念債権とし，必要な貸倒引当金を設定する。なお，担保として有価証券800,000円を受け入れており，回収不能率は50%である。

___解答___

① （借）貸倒引当金繰入　　6,000　（貸）貸倒引当金　　6,000
〈キャッシュ・フロー見積法〉

② （借）貸倒引当金繰入　92,970　（貸）貸倒引当金　92,270
$1,000,000 円 － \{1,000,000 円 \div (1 + 0.05)^2\} = 92,270 円$
〈財務内容評価法〉

② （借）貸倒引当金繰入　100,000　（貸）貸倒引当金　100,000
$(1,000,000 円 － 800,000 円) \times 50\% = 100,000 円$

(3) 負債性引当金

負債性引当金は，企業にとって将来の支出額を意味するものであり，条件付債務である引当金（賞与引当金，退職給付引当金，製品保証引当金など）と，債務性のない引当金（修繕引当金，特別修繕引当金）がある。

①製品（商品）保証引当金

製品，商品を販売した際に，販売した後の一定期間について，無償で修理を行う等のサービスを行う旨を保証している場合，期末に将来発生すると予測される修理費を見積もり計上する際に生ずる貸方項目である。

設例6

次の取引について仕訳しなさい。

① 　広島産業株式会社は決算にあたり，製品保証を行い，販売した当期の売上高 3,000,000 円に対し，その 4％を製品保証引当金として計上した。

② 　上記の製品について，修理の申し出があり，修理を行い，その費用 5,000円，同店負担の運送費 2,000 円について小切手を振り出し支払った。

解答

① （借）製品保証引当金繰入　　　120,000 　（貸）製品保証引当金　　　120,000
② （借）製品保証引当金　　　　　　7,000 　（貸）当　座　預　金　　　　7,000

②退職給付引当金

企業が労働者との契約等に基づいて，その退職時に行う一定の給付（退職一時金と退職年金）を退職給付という。退職給付制度をもつ企業の会計処理は「退職給付に関する会計基準」に規定されており，これを要約し説明すれば次のようになる。

退職給付のうち，当該会計期間の期末までに生じていると認められる額を，一定の割引率で現在から予想される退職までの期間に基づき割引計算したものを退職給付債務という。

そして，期末までに発生している退職給付債務のうち，当期中に増加した部分を退職給付費用といい，これを見積もり計上する際に生ずる借方項目を退職給付引当金という。また，退職給付に充てるために企業外部に積み立てられた資産を年金資産という。したがってこの関係を式で表すと次のようになる。

退職給付債務　　＝　退職給付引当金　＋　年金資産

したがって，

退職給付引当金　＝　退職給付債務　　－　年金資産　　となる。

また，退職給付費用は，次の式で計算される。

退職給付費用　　＝　勤務費用　＋　利息費用　－　期待運用収益相当額

　勤務費用とは，一期間の労働の対価として発生したと認められる退職給付について，割引計算により測定された額であり，**利息費用**とは，割引計算により算定された期首の退職給付債務について，時の経過により発生する計算上の利息であり，**期待運用収益**とは企業年金制度における年金資産の運用により生じると期待される収益である。

　退職給付引当金は，退職給付水準の改定などに関して増加または減少し（**過去勤務債務**），年金資産の期待運用収益と実際の運用成果との差異，数理計算に用いた見積もり数値と実績の差異，見積もり数値の変更などによって発生する差異である**数理計算上の差異**によっても増減する。これらの要因によって生じた差異は，退職給付費用に含めて処理されることになる。

　　|設例7|

　神戸産業株式会社（会計期間 1/1 ～ 12/31）は，×5 年 1 月 1 日より勤務を開始し，×7 年末に退職する従業員 C に対して，退職一時金として 600,000 円を，小切手を振り出して支払う予定である。

　なお，勤務費用は期間基準（退職給付見込額について全勤務期間で除した額を各期の発生額とする方法）で計算し，割引率は 5％とする。

　このとき①×5 年度，②×6 年度，③×7 年度に必要な仕訳を示しなさい。

①	（借）退 職 給 付 費 用	181,406	（貸）退 職 給 付 引 当 金	181,406
②	（借）退 職 給 付 費 用	199,546	（貸）退 職 給 付 引 当 金	199,546
③	（借）退 職 給 付 費 用	219,048	（貸）退 職 給 付 引 当 金	219,048
	（借）退 職 給 付 引 当 金	600,000	（貸）当 座 預 金	600,000

解説

① 勤務費用　$\dfrac{600{,}000\text{円}\div 3\text{年}}{(1+0.05)^2} \fallingdotseq 181{,}406\text{円}$

　　利息費用　0 円

② 勤務費用　$\dfrac{600{,}000\text{円}\div 3\text{年}}{(1+0.05)} \fallingdotseq 190{,}476\text{円}$

　　利息費用　181,406 円×5% ≒ 9,070 円

③ 勤務費用　200,000 円

　　利息費用　380,952 円×5% ≒ 19,048 円

③修繕引当金

企業が使用する有形固定資産に対して毎年行われる通常の修繕について当期に行う予定の修繕が何らかの事情で次期以降に行われることになったときその修繕費を当期の費用として見積もり計上する際に生じる貸方項目を**修繕引当金**という。

設例 8

次の取引について仕訳しなさい。

① ×5 年 3 月 31 日，決算にあたり備品に対して予定している修繕について当期の負担分として 150,000 円を見積もった。

② ×6 年 2 月 10 日，備品の修繕を行い代金の 400,000 円は，月末に支払うこととした。

解答

① （借）修 繕 引 当 金 繰 入　　150,000　（貸）修 繕 引 当 金　　150,000
② （借）修 繕 引 当 金　　150,000　（貸）未　　払　　金　　400,000
　　（借）修　　繕　　費　　250,000

2 偶発債務

　現在は負債ではないが，一定の条件が満たされたときに，法律上の債務となるようなものを**偶発債務**という。偶発債務は，将来時点において，企業に損失を与えるおそれが高い場合には，会計的にもそれに対応する必要がある。

　しかし，先に述べた引当金を設定するほどまでには発生の可能性が高いとはいえない場合や，その発生する金額を合理的に見積もることができない場合には，その偶発債務の内容を貸借対照表に注記することとされている（原則第三，一 C）。

　その具体的な事例としては，手形の裏書きや割引を行った際に，手形の主たる債務者がその支払いを行えないときに，そのものに代わって手形代金の支払いに応じなければならない**手形遡求義務**，他企業の債務を保証した場合に，主たる債務者が債務不履行になった場合に代わって支払いを行うこととなる**保証債務**などがある。また，裁判等で，一定の金額の支払いの可能性が高くなった場合にも，その金額についての偶発債務を計上することがある。

　発生の可能性と，その会計的処理を簡単にみれば**図表9-1**のようになる。

図表9-1　偶発債務と発生の可能性とのかかわり

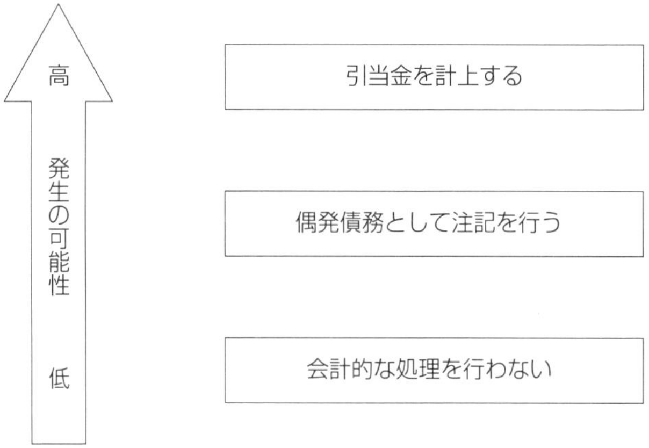

発生の可能性　高　引当金を計上する

発生の可能性　偶発債務として注記を行う

発生の可能性　低　会計的な処理を行わない

第 **10** 章

純資産会計

第1節　純資産の意義

　純資産は，資産から負債を控除した差額であり，貸借対照表の純資産の部に計上される。貸借対照表の純資産の部は，従来，資本の部と表記されていたが，評価・換算差額等，従来の株主資本以外の項目を計上するようになったことに伴い，2005年7月に公表された会社法では，純資産の部に改正した。純資産の部は，**株主資本**と株主資本以外の項目（評価・換算差額等，株式引受権，新株予約権）に区分される。

第2節　純資産の部の表示区分と構成項目

1　純資産の部の表示区分

　企業会計基準第5号「貸借対照表の純資産の部の表示に関する会計基準」によれば，個別財務諸表の純資産の部は，図表10-1のように表示区分されている。

　なお，株主資本は，株主に帰属する部分であり，株主が拠出した部分である払込資本（資本金と資本剰余金）と稼得した利益のうち分配されず企業内に留保される部分である留保利益（利益剰余金）に区分することができる。

2　株式会社の設立と増資

　株式会社の設立にあたって，会社が将来発行することができる株式の総数（発行可能株式総数という）を定款に記載しなければならない。会社は，この発行可能株式総数の範囲内であれば，自由に株式を発行することができ

図表 10 - 1　個別財務諸表の純資産の部の表示区分

Ⅰ　株主資本			
1　資本金		×××	
2　新株式申込証拠金		×××	
3　資本剰余金			
(1) 資本準備金	×××		
(2) その他資本剰余金	×××		
資本剰余金合計		×××	
4　利益剰余金			
(1) 利益準備金	×××		
(2) その他利益剰余金			
××積立金	×××		
繰越利益剰余金	×××		
利益剰余金合計		×××	
5　自己株式（—）		×××	
6　自己株式申込証拠金		×××	
株主資本合計			×××
Ⅱ　評価・換算差額等			
1　その他有価証券評価差額金		×××	
2　繰延ヘッジ損益		×××	
3　土地再評価差額金		×××	
評価・換算差額等合計			×××
Ⅲ　株式引受権			×××
Ⅳ　新株予約権			×××
純資産合計			×××

出所：「貸借対照表の純資産の部の表示に関する会計基準」をもとに筆者作成。

る。ただし，公開会社の場合は，会社の設立にあたって，発行可能株式総数の4分の1以上の株式を発行しなければならない（会社法37条3項）。

　また，会社を設立した後，必要に応じて取締役会などの決議によって，発行可能株式総数の範囲内で株式を発行することができる。このような通常の新株発行は，増資の最も一般的な方法である。

　増資とは，資本金を増加させる取引をいう。増資には，①株主資本の増加を伴う実質的増資と，②株主資本は変化しないが，その内訳の構成が変化する形式的増資がある。**実質的増資**には，通常の新株発行や新株予約権・株式

引受権の権利行使，株式交付による他企業の吸収合併，株式交換による他企業の子会社化などがある。**形式的増資**には，準備金の資本金組入やその他剰余金の資本金組入があり，資本金は増加するが，株主資本の他の部分が同額減少することになるため，株主資本の総額は変化しない。

第3節　株主資本

1　資本金

　株式会社は，資金調達のために株式を発行し，株主から拠出された資金をもとに事業活動を行う。資金拠出により株式を取得し株主となる者は，出資額のみの責任を負う。これを**株主の有限責任**という。すなわち，会社が倒産しても，銀行などの債権者は債権回収のために，株主の個人財産を返済に当てることを求めることができず，債権者の利益は会社の純資産のみに保証されるのである。

　会社法によれば，会社の設立または株式の発行に際して，株主が当該株式会社に対して払い込んだ金額の全額を原則として**資本金**とする（会社法 445 条 1 項）。

設例 1

　会社の設立にあたり，発行可能株式総数 400 株のうち，100 株を 1 株あたり 70,000 円で発行し，払込金額は当座預金とした。なお，資本金に組み入れる金額は会社法に規定する原則的な金額とした。株式発行時の仕訳を示しなさい。

解答

　（借）当　座　預　金　　7,000,000　（貸）資　　　本　　　金　　7,000,000

　なお，通常の新株発行による増資には，不特定多数の投資者を対象に募集をかけ新株を発行する公募増資，既存の株主に対して，新株を優先的に引き受ける権利を割り当て，新株を発行する株主割当増資，および特定の第三者に新株を引き受ける権利を割り当て，新株を発行する第三者割当増資などが

ある。いずれの場合でも，新株の申込期間に株式の引受人から払い込まれた金額を，まず新株式申込証拠金として処理する。会社法では，株式と引き換えに金額の払込期日に株式の引受人が株主になるとされている（会社法209条）。したがって，この日に新株式申込証拠金から資本金への振り替えを行うのが原則である。

> ### 設例2
>
> 次の取引を仕訳しなさい。
> ① 増資のため，株式1,000株を1株あたり600円で株主を募集し，申込期間までに全額の申し込みがあり，払い込まれた申込証拠金は別段預金とした。
> ② 払込期日に，払い込まれた申込証拠金を資本金に振り替えるとともに，別段預金を当座預金とした。なお，資本金額は会社法に規定する原則的な金額とした。
>
> ### 解答
> ① （借）別　段　預　金　　600,000　（貸）新株式申込証拠金　　600,000
> ② （借）新株式申込証拠金　　600,000　（貸）資　　本　　金　　600,000
> 　　　　当　座　預　金　　600,000　　　　別　段　預　金　　600,000

2　資本剰余金

(1) 資本準備金

前述したように，株式の払込金額は，全額を資本金に組み入れるのが原則である。ただし，会社法では，払込金額の2分の1を超えない額を資本金に組み入れないことが認められている（会社法445条2項）。その資本金に組み入れない金額は，**資本準備金**として処理しなければならない。この部分の金額は，**株式払込剰余金**とも呼ばれる。

> ### 設例3
>
> 増資を行うにあたり，株式40株を1株あたり60,000円で発行し，全額の引

き受け，払い込みを受け当座預金とした。なお，会社法で認められる最低限度額を資本金に組み入れることにした。株式発行時の仕訳を示しなさい。

解答

（借）当　座　預　金　2,400,000　（貸）資　　本　　金　1,200,000
　　　　　　　　　　　　　　　　　　株式払込剰余金　1,200,000
　　　　　　　　　　　　　　　　　（資　本　準　備　金）

　株式払込剰余金のほか，資本準備金には，合併差益，分割差益，株式交換差益，株式移転差益などがある。

　合併とは，2つ以上の会社が合併契約に基づいて，1つの会社に合体することをいう。会社法の規定によれば，合併には吸収合併と新設合併の2つの形態がある。**吸収合併**とは，合併する会社の1つが存続し他の会社が吸収される合併形態である。合併により，消滅会社の権利義務（資産と負債）が存続会社に引き継がれる（会社法第2条27項）。これに対して，**新設合併**とは，合併する会社がすべて消滅すると同時に新会社が設立される合併形態である。合併により，消滅会社の権利義務（資産と負債）がすべて新設会社に引き継がれる（会社法第2条28項）。

　なお，合併には，その経済的実態により，「取得」と「持分の結合」という異なるものが存在し，それぞれの経済的実態に応じて異なる会計処理を適用しなければならないという考え方がある。「取得」とは，合併する企業の一方が他の企業に対する支配を獲得することをいう。合併の経済的実態が「取得」と見なす場合，**パーチェス法**により会計処理を行うことになる。パーチェス法では，被取得企業から引き継がれる資産と負債は時価で評価される。

　他方，「持分の結合」とは，いずれの企業の株主も他の企業を支配したとは認められず，結合後企業のリスクや便益を引き続き相互に共有することを達成するため，1つの報告単位となることをいう。合併の経済的実態が「持分の結合」と見なす場合，**持分プーリング法**により会計処理することが適切であるとされている。持分プーリング法では，すべての結合当事企業の資

産，負債と資本は帳簿価額で引き継がれる。

　しかしながら，国際的な会計基準では，パーチェス法と持分プーリング法の使い分けから，稀にしか使わない持分プーリング法を廃止する取り扱いに変更したため，日本も，共同支配企業の形成および共通支配下の取引以外の企業結合は，すべてパーチェス法で会計処理をしなければならないとした（企業結合基準17項）。

設例4

　A社は，B社を吸収合併し，B社の株主に800株を1株あたり500円で交付した（その全額を資本金とする）。なお，B社の貸借対照表上では諸資産800,000円（時価900,000円），諸負債400,000円（帳簿価額は時価と等しいものとする），資本金300,000円，その他利益剰余金100,000円である。合併時の仕訳を示しなさい。

解答

（借）諸　　資　　産	900,000	（貸）諸　　負　　債	400,000
		資　　本　　金	400,000
		合　併　差　益	100,000
		（資 本 準 備 金）	

解説

　パーチェス法を適用する場合，被取得企業から引き継がれる資産と負債は時価で評価される。

設例5

　設例4の合併取引は，契約に基づいて，A社の親会社であるX社とB社の親会社であるY社が，合併後の企業を共同支配企業とするために行ったものである場合，A社の仕訳を示しなさい。

解答

（借）諸　　資　　産	800,000	（貸）諸　　負　　債	400,000
		資　　本　　金	300,000
		その他利益剰余金	100,000

解説

　　共同支配企業の形成の企業結合には持分プーリング法が適用される。持分プーリング法を適用する場合，資産，負債と資本は帳簿価額で引き継がれる。

　　資本準備金には，合併差益のほか，分割差益，株式交換差益，株式移転差益がある。**分割**とは，合併とは逆に，会社法の規定に従って，事業の一部を会社から分離することをいう。

　　また，合併とは異なり，2つの会社が法人格を残したまま合併と同様の経済効果を有する取引として，株式交換と株式移転がある。**株式交換**では，ある会社の株主が保有する株式をすべて他の会社の株式と交換することによって，他の会社は当該会社の 100％議決権を有し，完全親会社となる。これに対して，**株式移転**とは，ある2つの会社が新たな会社を設立し，それぞれの株主が所有する株式を新設会社の株式と交換することによって，両社が新設会社の完全子会社となる方法である。

(2) その他資本剰余金

　その他資本剰余金は，資本剰余金のうち資本準備金以外のものであり，資本金および資本準備金減資差益，自己株式処分差益などがある。

　　前述の増資に対し，資本金の額を減少させる取引を減資という。会社法によれば，株式会社は，会社規模の縮小や欠損補填などのため，株主総会の特別決議を経て資本金を減少させることができる（会社法 447 条）。増資と同様に，減資にも，純資産の減少を伴うか否かによって，実質的減資と形式的減資がある。会社が規模を縮小するために資本金を減少させる場合は実質的減資となる。会社が資本金を減少させることによって欠損（純資産額が資本金と資本準備金の合計額を下回ること）を補填する場合は形式的減資となる。

なお，減少した資本金が欠損などの金額を上回る場合，その超過金額を，資本金および資本準備金減少差益（減資差益）という。

  【設例6】
　株主総会の特別決議によって，欠損額（繰越利益剰余金勘定の借方残高）900,000円を補填するため，資本金1,000,000円を減少させた。この取引を仕訳しなさい。

  【解答】
　（借）資　　本　　金　1,000,000　（貸）繰越利益剰余金　900,000
　　　　　　　　　　　　　　　　　　　　　減　資　差　益　100,000
　　　　　　　　　　　　　　　　　　　（その他資本剰余金）

3　利益剰余金（剰余金の配当）

　利益剰余金は，企業が獲得した利益のうち，株主に分配されずに企業内部に留保される部分であり，利益準備金とその他利益剰余金からなる。利益準備金は，資本準備金と合わせて準備金と呼ばれ，会社法の規定により積み立てが強制されるものである。その他利益剰余金は，任意積立金と繰越利益剰余金から構成される。

　任意積立金は，法律によって積み立てが強制されず，定款の定めや株主総会の決議によって，会社が任意に積み立てる部分である。任意積立金には，毎期の配当を安定させるための配当平均積立金，事業拡張に備えるための事業拡張積立金，目的や用途を指定しない別途積立金などがある。

　株式会社では，獲得された利益が繰越利益剰余金勘定へ振り替えられ，株主への配当は，この繰越利益剰余金から行われるのが一般的であるが，任意積立金を取り崩して配当することも可能である。また，その他資本剰余金からの株主への配当も許容される。したがって，その他利益剰余金とその他資本剰余金を合わせて「剰余金」と呼び，剰余金を原資として配当を行うことは「剰余金の配当」と呼ばれる。

　株主への配当を行うと企業資産の社外流失が生じるため，債権者保護の観点から，会社法は，株式会社が剰余金の配当をする場合，配当額に 10 分の 1 を乗じた額を資本準備金または利益準備金として積み立てなければならないことを求めている（会社法 445 条 4 項）。資本準備金と利益準備金のどちらを積み立てるのかは，配当の原資によることとしている。すなわち，その他資本剰余金から配当する場合には，配当額の 10 分の 1 の額を資本準備金として計上する。その他利益剰余金から配当する場合には，利益準備金を積み立てる。ただし，積立金額は，資本準備金と利益準備金を合わせて資本金の 4 分の 1 に達するまでとなっている（計規第 22 条）。

設例 7

　次の取引を仕訳しなさい。

① 　決算において，当期純利益 120,000 円を損益勘定から繰越利益剰余金へ振り替えた。

② 　定時株主総会において，前期末の繰越利益剰余金 120,000 円を次のように処分することを決定した。なお，当期首の資本金は 200,000 円，資本準備金と利益準備金の合計額は，45,000 円である。

利益準備金	会社法の定める金額
配当金	80,000 円
別途積立金	30,000 円

解答

①	（借）損　　　　　益	120,000	（貸）繰越利益剰余金	120,000	
②	（借）繰越利益剰余金	115,000	（貸）未 払 配 当 金	80,000	
			利 益 準 備 金	5,000	
			別 途 積 立 金	30,000	

解説

　利益準備金には，配当額の 10 分の 1 を積み立てる必要があるが，準備金の合計が資本金の 4 分の 1 に達すれば，積み立てる必要はない。

資本金の 4 分の 1 の額：資本金 200,000 円 × 1 ／ 4 ＝ 50,000 円

（ア）資本金の 4 分の 1 の額 50,000 円 − 準備金の合計 45,000 円 ＝ 5,000 円

（イ）配当額 80,000 円 × 1 ／ 10 ＝ 8,000 円

（ア）＜（イ）

∴利益準備金 ＝ 5,000 円

なお，株式会社では，会社の所有者である株主がすべてにおいて有限責任であるため，会社の財産が配当によって過大に流出することを防ぐと同時に債権者の利益を保護することを目的として，会社法は，剰余金の範囲および「配当可能額」を規定し，株主への配当を制限している。

一方，決算において当期純損失が計算された場合には，損益勘定から繰越利益剰余金勘定へ振り替え，繰越利益剰余金勘定の借方残高は，損失として次期へ繰り越される。繰り越させた損失は，株主総会や取締役会の決議を経て，任意積立金を取り崩して処理される。それでも補填できない場合には，その他資本剰余金を取り崩して処理するか，または繰越利益剰余金勘定の借方残高として次期へ繰り越し，将来の純利益で補填することになる。

設例 8

次の取引を仕訳しなさい。

① 決算において，当期純損失 150,000 円を計上した。なお，前期からの繰越利益剰余金はゼロである。

② 定時株主総会において，前期末の繰越利益剰余金 150,000 円（借方残高）を欠損補填積立金 40,000 円と別途積立金 100,000 円を取り崩して補填した。残額は次期へ繰り越すこととした。

解答

①	（借）繰越利益剰余金	150,000	（貸）損		益	150,000
②	（借）欠損補填積立金	40,000	（貸）繰越利益剰余金			140,000
	別 途 積 立 金	100,000				

4　株主資本の計数の変動

会社法によれば，会社は，株主総会の議決を経て，株主資本における資本金，準備金および剰余金の間で金額を振り替えることができる。これは，計数の変動という。計数の変動には，以下のようなものがある。

①資本準備金や利益準備金を資本金に組み入れること（会社法448条，計規25条1項一）

②その他資本剰余金やその他利益剰余金を資本金に組み入れること（会社法450条，計規25条1項二）

③資本金を資本準備金に組み入れること（会社法447条，計規26条1項一）

④その他資本剰余金を資本準備金に組み入れること（会社法451条，計規26条1項二）

⑤資本金をその他資本剰余金に組み入れること（会社法447条，計規27条1項一）

⑥資本準備金をその他資本剰余金に組み入れること（会社法448条，計規27条1項二）

⑦その他利益剰余金を利益準備金に組み入れること（会社法451条，計規28条1項）

⑧利益準備金をその他利益剰余金に組み入れること（会社法448条，計規29条1項一）

ただし，その他利益剰余金から資本準備金への組み入れや，その他資本剰余金から利益準備金への組み入れは，会社法では認められていない。

設例9

次の取引を仕訳しなさい。

①　株主総会の決議によって，繰越利益剰余金400,000円を利益準備金へ組み入れた。

②　株主総会の決議によって，利益準備金700,000円を全額取り崩すことになった。

③　株主総会の決議によって，その他資本剰余金300,000円を資本金へ組み入

れた。

解答

①	（借）繰越利益剰余金	400,000	（貸）利 益 準 備 金	400,000
②	（借）利 益 準 備 金	700,000	（貸）繰越利益剰余金	700,000
			（その他資本剰余金）	
③	（借）その他資本剰余金	300,000	（貸）資　　本　　金	300,000

5　自己株式

　会社がすでに発行した自社の株式を買い戻して保有しているとき，この株式を自己株式または金庫株という。従来，自己株式の取得は，資本の払い戻しと同様の効果があり，資本充実に反するなどの理由で，原則として禁止されていた。しかし，2001年10月以降，株主総会の決議を経て，分配可能額の範囲内であれば，会社は自由に自己株式を取得し保有できるようになった（会社法156条，461条）。

　自己株式について，会計理論では，資産説と資本控除説がある。従来，自己株式の取得が原則禁止されていたときには，自己株式は一種の有価証券と考え，資産として処理されていたが（資産説），2001年より，自己株式の取得の規制が緩和されるようになり，自己株式は，株主資本から控除される項目として処理されることになった（資本控除説）。

　2006年に公表された改正企業会計基準第1号「自己株式及び準備金の額の減少等に関する会計基準」では，自己株式の取得，保有，処分および消却に関する会計処理を以下のように規定している（自己株式等基準7-12項）。

（1）自己株式の取得と保有

　取得した自己株式は，取得原価をもって純資産の部の株主資本から控除する。期末に保有する自己株式は，純資産の部の株主資本の末尾に自己株式として一括して控除する形式で表示する。

(2) 自己株式の処分

自己株式を処分する場合，株式に対する払込価額と自己株式の帳簿価額の差額は自己株式処分差損益として処理する。自己株式処分差益は，その他資本剰余金に計上する。自己株式処分差損は，その他資本剰余金から減額する。

(3) 自己株式の消却

自己株式を消却した場合には，消却手続が完了したときに，消却の対象となった自己株式の帳簿価額をその他資本剰余金から減額する。

(4) その他資本剰余金の残高が負の値になった場合の取扱い

(2) および (3) の会計処理の結果，その他資本剰余金の残高が負の値となった場合には，会計期間末において，その他資本剰余金をゼロとし，当該負の値をその他利益剰余金（繰越利益剰余金）から減額する。

設例 10

次の取引を仕訳しなさい。
① 自己株式 300 株を 1 株あたり 500 円で取得し，当座預金で支払った。
② 上記①自己株式 200 株を 1 株あたり 700 円で処分し小切手を受け取った。
③ 上記①自己株式 100 株をその他資本剰余金を財源として消却した。

解答

①	(借) 自 己 株 式	150,000	(貸) 当 座 預 金	150,000
②	(借) 現　　　　金	140,000	(貸) 自 己 株 式	100,000
			自己株式処分差益	40,000
③	(借) その他資本剰余金	50,000	(貸) 自 己 株 式	50,000

第4節　評価・換算差額等

評価・換算差額等には，決算において，資産や負債の時価評価を行う場合に，評価差額を当期の損益計算書で認識せず，貸借対照表の純資産の部に計上されるものが含まれる。具体的には，その他有価証券評価差額金，土地再評価差額金，繰延ヘッジ損益などがある。

その他有価証券を時価で評価する場合，取得原価と時価との差額をその他有価証券評価差額金として処理する。土地再評価差額金は，土地再評価法に基づいて土地の再評価を行った場合の，土地の取得原価と再評価額との差額である。繰延ヘッジ損益は，繰延ヘッジ会計において，時価で評価され発生時に損益が認識されるヘッジ手段により生ずる損益を，原価で評価され売却または決済時に損益が認識されるヘッジ対象による損益が生ずる期間まで繰り延べる場合の項目である。

なお，上記の評価差額は，税務上の益金または損金として認められないため，税効果会計が適用される。

設例11

決算において，その他有価証券（原価5,000円，時価7,000円）を時価評価した。なお，実効税率は30%である。決算日の仕訳を示しなさい。

解答

（借）その他有価証券　　　2,000　（貸）繰延税金負債　　　　600
　　　　　　　　　　　　　　　　　　　その他有価証券評価差額金　1,400

解説

評価差額2,000円のうち，600円（評価差額2,000円×実効税率30%）は繰延税金負債として計上し，残額1,400円はその他有価証券評価差額金として純資産の部に計上する。

第 5 節　新株予約権とストック・オプション

1　新株予約権の意義と会計処理

　新株予約権とは，株式会社に対して行使することにより，当該株式会社の株式の交付を受けることができる権利をいう（会社法 2 条 21 号）。新株予約権証券を有する者が，一定の行使価格を払い，新株予約権を行使すれば，会社は新株予約権者に対して，新株を発行するか，または自己株式を移転しなければならない。

　新株予約権の発行者側として，権利が行使されるまで，新株予約権は純資産の部に記載されるが，株主とは異なり新株予約権者との取引によるものであるため，株主資本と区別され記載される。

　権利が行使され，会社が新株を発行した場合，行使された新株予約権の発行価額と権利行使に要する払込金額の合計を原則として，資本金とする。資本金に組み入れない額は，資本準備金とする。

　権利が行使され，会社が自己株式を移転する場合，行使された新株予約権の発行価額と権利行使に要する払込金額の合計が移転した自己株式の処分金額となる。

　一方，新株予約権が行使されないまま，権利行使期間が経過し，権利が失効する可能性もある。このような場合には，その金額を新株予約権戻入益（特別利益）に計上する。

設例 12

　次の取引を仕訳しなさい。

① 　新株予約権を 300,000 円で発行し，払込金額は当座預金とした。行使価額は，総額 800,000 円である。

② 　上記①の新株予約権のうち，60％について権利行使がなされ，新株を交付した。払込金額は当座預金とした。なお，発行価額の全額を資本金とした。

③ 　上記①の新株予約権のうち，30％について権利行使がなされ，払込金額を

当座預金とし，自己株式（帳簿価額 320,000 円）を移転した。

④　上記①の新株予約権のうち，10%については権利行使がなされなかったため，その権利は失効した。

解答

①	（借）当　座　預　金	300,000	（貸）新　株　予　約　権	300,000
②	（借）新　株　予　約　権	180,000	（貸）資　　本　　金	660,000
	当　座　預　金	480,000		
③	（借）新　株　予　約　権	90,000	（貸）自　己　株　式	320,000
	当　座　預　金	240,000	自己株式処分差益	10,000
④	（借）新　株　予　約　権	30,000	（貸）新株予約権戻入益	30,000

2　ストック・オプションとしての新株予約権

新株予約権はストック・オプションとして利用することができる。**ストック・オプション**とは，会社の役員や従業員などが会社の株式を会社が決めた価額で取得できる権利をいう。この権利を有する者は，株価が上昇しても比較的に安い価額で，会社の株式を購入できるため，ストック・オプションを利用することで，優秀な人材の確保や従業員のモチベーションアップを図ることが可能になる。

なお，2019 年に会社法が改正され，2021 年 3 月より会社が取締役への報酬等として自社の株式を条件付で無償交付する取引（会社法 202 条の 2）が認められるようになり，純資産の部には，株主資本以外の部分として，評価・換算差額等と新株予約権のほか，株式引受権が新たに追加された。

株式引受権とは，上述の取締役の報酬等として株式を無償交付する取引のうち，権利確定条件が達成された後に株式の発行等が行われる取引（事後交付型）において，条件達成後に株式を引き受ける権利をいう。一定の勤務期間や所定の業績水準のような条件を達成すれば，株式を受けることができるため，役員や従業員にとって，モチベーションアップにつながる点において，ストック・オプションと同様の効果を有する。

第11章

損益会計

第1節　期間損益計算の原理

1　期間損益計算の意義

　企業の経済活動の基本は，投資と投資の回収である。例えば，「現金」が，「商品」に代わり，最後に「現金」となって戻ってくる。商品の仕入は，企業が商品に投資することであり，それを販売することは，商品に投資した資金を回収することである。もちろん，企業の経済活動ではさまざまな**経営資源（資産）**に投資が行われる。それらの経営資源（資産）に対する投資も，商品への投資の場合と同様に，回収されなければならない。投資の回収ができないときには，元手の投資（資本）を侵食することになり，最終的には経営破綻を来すことになる。この原理は個人商店や中小企業から大企業まで共通している。

　とりわけ，株式会社は，株主から資本を調達し，受託した資本を事業活動に投資する。すなわち，必要な資産の取得へ資本が使用される。製造業の場合，土地を購入し，工場を建設して，機械装置を設置する。生産を開始するために，研究開発体制を整え，従業員を雇用して訓練を行う。そして，必要な原材料を購入し，生産ラインで加工組立を行い，製品を完成させる。製品の市場での認知度を高め，市場占有率を上げるために，広告宣伝など販売促進活動を行う。

　そのような経済活動の中で，あらゆる**企業努力が結実する時点**が，商品や製品の販売時点，サービスの提供時点ということになる。商品・製品の販売により売上高という収益が獲得される。その収益から費用を差し引くこと

で，投資（投下資本）の回収が計算上行われる。それゆえに，適正な費用の計算が極めて重要となる。費用の計算は，受託資本維持の観点から，投下した資本のうち回収すべき適正な金額を計算することにほかならない。

企業がその本来の営利目的をどの程度達成したかを表す損益は，今日の企業会計では継続的な経済活動を人為的に一定期間（例えば，3か月や1年）で区切ることにより計算される。その一定期間のことを会計期間といい，会計期間の財務業績を計算することを**期間損益計算**と呼ぶ。企業の継続的な経済活動を人為的に区切った会計期間の利益を計算するのであるから，経済活動の努力と成果がどの会計期間に帰属するのかを判断することが**適正な期間損益**を計算するために必要となる。伝統的に，その判断基準として実務に適用されてきたものが**企業会計原則**である。

2　期間損益計算の方法

企業会計原則では，「すべての費用及び収益は，その支出及び収入に基づいて計上し，その発生した期間に正しく割当てられるように処理しなければならない。ただし，未実現収益は，原則として当期の損益計算に計上してはならない。」（原則第二，一A）と規定され，一会計期間に属する収益と費用を対応表示することを通じて企業の経営成績（売上総利益，営業利益，経常利益，当期純利益等）を明らかにすることが求められている。かかる規定には次の3つの計算原則が内在する。

①発生原則⇒費用の認識・測定原則

②実現原則⇒収益の認識・測定原則

③対応原則⇒収益と費用を対応させて利益を計算する原則

会計行為は，企業の経済活動における事実関係（取引）を数関係（財務諸表）に写像する行為であり，それらの3原則を会計行為に当てはめたものが**図表11-1**である。

図表11-1では，商製品の販売行為を取り上げている。商品や製品の販売が原因となって商品の仕入や製品の生産に関する努力（仕入活動・生産活動）とその努力に対応する成果（消費者の満足・その総体としての社会的需

図表 11-1　販売行為に対する計算原則の適用

事実関係		計算原則	数関係
原因	発現		計数的描写
経済活動 （販売行為）	成果　━━▶	実現原則　━━▶	収益（売上高）
	↑ ↓	対応原則　━━▶	↑ ↓
	努力　━━▶	発生原則　━━▶	費用（売上原価）

要の充足）が企業会計上の認識対象として発現することになる。そして，その努力と成果は計算原則により売上原価という費用と売上高という収益に測定（数値化）されることを示している。また，**対応原則**を適用することで収益と費用の差額としての期間損益が算定される。

　上述の企業会計原則ではすべての収益は「その発生した期間」にといいながら**発生原則**ではなく**実現原則**が適用されるのは，**未実現収益**の計上が禁止（同第二，一 A，三 B）されているからである。実現の時点とは，商製品の販売については，売り手が買い手に商品や製品を引き渡した時点ということになる。つまり，商製品の引渡により所有権が売り手から買い手に移転し，売り手には債権（**対価請求権**）が，他方買い手には債務（**対価支払義務**）が，法律上それぞれ確定するからであり，収益の会計期間への帰属を判定する最も客観的かつ確実な時点となるためである。契約日の段階で発生見込みの収益を認識することは，当該取引の事後的な解約可能性を否定できないため不確実な収益認識となる。ここで企業会計原則の下での販売形態と認識基準をまとめたものが**図表 11-2**である。

　企業会計原則における**収益認識**は，前掲の規定の「すべての収益は」を受けて総額で計上すること（**総額主義**）が前提（同第二，一 B）となっているが，後述するように 2018 年 3 月 30 日に公表された企業会計基準第 29 号「収益認識に関する会計基準」（以下，収益認識基準）では返品権付き販売等について純額での売上高の計上が求められ，経済的実質を考慮した**純額主義**的な会計処理が規定されている。

図表 11 - 2　企業会計原則による販売形態と認識基準

収益の種類	販売形態		認識基準
財貨収益	一般販売	現金販売・信用販売	引渡基準
	特殊販売	委託販売 試用販売 予約販売 割賦販売	委託品販売日・仕切精算書到着日 買取意思表示の日 商品引渡完了日・役務提供完了日 引渡日・回収期限到来日・回収日
	請負工事	工事収益	工事完成基準・工事進行基準
	特殊財貨	金鉱山の採金収益 政府買入価格のある農作物	生産基準 収穫基準（発生基準）
役務収益	電気・ガス等の供給 資金貸付・不動産賃貸 職業専門家の役務提供		検針基準 時間基準 現金基準

出所：本図表は，武田隆二（2008）『最新財務諸表論』（第 11 版）中央経済社の 344 頁の「図
　　　2　販売形態と収益認識原則」を参考に整理したものである。

　また，発生原則を適用した費用の認識・測定について，その対象となる資
産，発生原則の適用，測定結果の関係をまとめたものが，**図表 11 - 3** であ
る。費用処理の詳細は，対象資産を扱う各章において解説されている。
　なお，損益計算書の表示において対応原則が具体的に適用される営業損益
計算の区分では，一般に，売上高から売上原価を引いて売上総利益を計算
し，さらに販売費及び一般管理費を引くことで営業利益が算定される。売上
高と売上原価は，商品や製品の個別の販売によって直接的に結びつけられる
ものであるから，**個別的直接的対応**の関係にあるといわれる。
　また，例えば，広告宣伝費はどの売上に個別的直接的に貢献したかを把握
できないため，販売費及び一般管理費は会計期間を通じて売上高と間接的に
対応が認められると理解する。したがって，売上高と販売費及び一般管理費
は**期間的間接的対応**の関係にあるといわれる。損益計算書の経常損益計算，
特別損益計算の様式については第 14 章を参照されたい。

3　当期純利益と包括利益の表示

　企業会計原則によると当期純利益の算定・表示に至る区分は，純損益計算

図表 11‐3　発生原則による費用の認識・測定

事実関係		測定			数関係
対象	発生の認識	計算原則			発生費用 （期間費用）
		発生原則の 経理手法	発生原則の 具体的適用	費用処理 の原理	
棚卸資産	払い出し	継続記録法 棚卸計算法	先入先出法 総平均法等	配分法	売上原価
固定資産	時の経過 （利用高）	減価償却法	定額法等		減価償却費
繰延資産	時の経過 （効果の発現）	繰延経理	時間基準		繰延資産償却費
引当事象	事象の発生確率	引当経理	ラプラス法	見積法	引当金繰入額
営業活動	電気・ガス等 検針基準	確定消費量	計量基準	支出基準	営業費
認識		測定（発生原則の適用）			

出所：本図表は，武田隆二（1999）『会計』（第 2 版）税務経理協会の 199 頁の「図 14-8　発生原則の展開図式」を参考に整理したものである。

の区分である。これは，経常利益に固定資産売却益等の特別利益を加算し，災害損失や固定資産売却損等の特別損失を控除して，税引前当期純利益を計算する。税効果会計基準があるために，税引前当期純利益から法人税等を控除した後で，法人税等調整額を加算もしくは減算して当期純利益が計算される。

　また，現行の会計実務では企業会計原則の規定とは異なり，特定の資産・負債等について時価等による評価が行われるため，その**評価損益**が当期純利益に反映される。**包括利益**とは，ある企業の特定期間の財務諸表において認識された純資産の変動額のうち，当該企業の純資産に対する持分所有者との直接的な取引によらない部分をいい，**その他の包括利益**とは包括利益のうち当期純利益と非支配株主損益に含まれない部分をいう。

　その他の包括利益は，個別財務諸表においては包括利益と当期純利益との間の差額であり，連結財務諸表においては包括利益と非支配株主損益調整前当期純利益との間の差額である。連結財務諸表におけるその他の包括利益に

は，親会社株主に係る部分と非支配株主に係る部分が含まれる。包括利益の計算と表示は，「損益計算書」で当期純利益を表示し「包括利益計算書」で包括利益を表示する2計算書方式と，「損益及び包括利益計算書」で当期純利益と包括利益を表示する1計算書方式がある。

第2節　収益の認識と測定

1　収益認識の基本原則

　収益認識基準（2018年3月30日公表，2020年3月31日改正）は，日本における収益認識に関する包括的な会計基準であり，2021年4月1日以後に開始する連結会計年度と事業年度の期首から強制適用されている。第1節で解説した実現原則は業種・業態に応じて業界固有の収益認識の基準や実務に姿を変えて形成・発展してきた。

　収益認識基準は，企業会計原則下の収益認識の実務を対象として統一的に適用することを目的に設定された基準であるため，極めて抽象化された表現で収益認識の手続が示されている。なお，収益認識基準の適用外となるものが，①金融商品，②リース取引，③保険契約，④同業他社との商品・製品の交換取引，⑤金融商品の組成取得に係る受取手数料，⑥SPEを利用した流動化不動産の譲渡である（収益認識基準3項）。

　収益認識の基本原則は，「約束した財又はサービスの顧客への移転を当該財又はサービスと交換に企業が権利を得ると見込む対価の額で描写するように，収益を認識する。」（同16項，以下，「財又はサービス」を「財・サービス」と表記）ことである。

　基本原則において実現という表現はなくなったが，財・サービスの移転と対価の成立という要件は実現原則と何ら変わることはない。この基本原則に従って収益を認識するために図表11-4の5つのステップを適用する。IFRS15「顧客との契約から生じる収益」では5ステップ・モデルと呼ばれている。

　図表11-4の用語が次のように定義されている（同5項-8項）。顧客と

図表11‐4　収益認識の5ステップ

① 顧客との契約を識別する
② 契約における履行義務を識別する
③ 取引価格を算定する
④ 契約における履行義務に取引価格を配分する
⑤ 履行義務を充足した時にまたは充足するにつれて収益を認識する

は，対価と交換に企業の通常の営業活動により生じたアウトプットである財・サービスを得るために，当該企業と契約した当事者をいう。契約とは，法的な強制力のある権利および義務を生じさせる複数の当事者間における取決めをいう。**履行義務**とは，顧客との契約において，①別個の財・サービス（あるいは，別個の財・サービスの束：例えばビルの設計と建設），②一連の別個の財・サービス（つまり，特性が実質的に同じで顧客への移転のパターンも同じである複数の財・サービスのこと，例えば携帯電話の通信サービス）のいずれかを顧客に移転する約束をいう。**取引価格**とは，財・サービスの顧客への移転と交換に企業が権利を得ると見込む対価の額をいう。

　基本原則に基づいた5ステップを一覧できるようにまとめたものが**図表11‐5**である（同17項）。消費者がコンビニやスーパーマーケットで日常の買い物をするとき，必要な商品を買い物かごへ入れ，レジで精算して代金を支払い，商品を持ち帰ることで取引は終了し，一時で商品売買の契約は履行される。つまり，消費者の日常の買い物においては5ステップの売り手の収益認識は一瞬で終わってしまう。

　5ステップの収益認識が問題となるのは，請負工事契約，清掃サービス契約，建物の賃貸借契約など，**契約が長期にわたる場合**である。例えば，スマートフォンその他家電製品等を購入したとき製品保証期間が通常1年付帯しているが，買い手が2年の延長保証の契約を行った場合，延長保証の期間にわたって年度ごとに延長保証サービスの役務収益を売り手は認識することになる。これに関する設例を後に掲げている。

　前述のように，履行義務の充足には「一定の期間にわたり充足される履行

図表 11-5 収益認識の5ステップの内容

ステップ	内容
①契約の識別	(1) 当事者間の契約の承認と履行義務の約束があること (2) 各当事者の権利の識別可能性があること (3) 支払条件の識別可能性があること (4) 契約の経済的実質があること (5) 対価の高い回収可能性があること
②履行義務の識別	契約における取引開始日に、顧客との契約において約束した財・サービスを評価し、「別個の財・サービス」あるいは「一連の別個の財・サービス」のいずれかを顧客に移転する約束のそれぞれについて履行義務として識別する。
③取引価格の算定	(1) 取引価格とは、財・サービスの顧客への移転と交換に企業が権利を得ると見込む対価の額をいう。 (2) 履行義務を充足した時にまたは充足するにつれて、取引価格のうち、当該履行義務に配分した額について収益を認識する。
④取引価格の履行義務への配分	(1) 履行義務に対する取引価格の配分は、財・サービスの顧客への移転と交換に企業が権利を得ると見込む対価の額を描写するように行う。 (2) 財・サービスの独立販売価格の比率に基づき、契約において識別したそれぞれの履行義務に取引価格を配分する。
⑤履行義務の充足による収益の認識	(1) 企業は約束した財・サービス（まとめて「資産」という）を顧客に移転することにより履行義務を充足した時にまたは充足するにつれて、収益を認識する。 (2) 資産が移転するのは、顧客が当該資産に対する支配を獲得した時または獲得するにつれてである。

義務」と「一時点で充足される履行義務」がある。前者の履行義務は下の①から③の要件のいずれかを満たす場合であり、資産に対する支配を顧客に一定の期間にわたり移転することにより、一定の期間にわたり履行義務を充足し収益を認識する（同 38 項）。

　①企業が顧客との契約における義務を履行するにつれて、顧客が便益を享
　　受すること
　②企業が顧客との契約における義務を履行することにより、資産が生じる
　　または資産の価値が増加し、当該資産が生じるまたは当該資産の価値が

増加するにつれて，顧客が当該資産を支配すること

③次の要件のいずれも満たすこと

　　1. 企業が顧客との契約における義務を履行することにより，別の用途に転用することができない資産が生じること

　　2. 企業が顧客との契約における義務の履行を完了した部分について，対価を収受する強制力のある権利を有していること

　一定の期間にわたり充足される履行義務でないものは，一時点で充足される履行義務とされ，資産に対する支配を顧客に移転した時点を決定するにあたっては，支配の移転を考慮し，その判断は次の指標に基づく（同40項）。

①企業が顧客に提供した資産に関する**対価を収受する現在の権利**を有していること

②顧客が資産に対する**法的所有権**を有していること

③企業が資産の**物理的占有**を移転したこと

④顧客が資産の所有に伴う重大な**リスク**を負い，**経済価値**を享受していること

⑤顧客が資産を**検収**したこと

2　履行義務の充足に基づく収益の認識

　収益認識基準では，従来の実現原則に代えて履行義務の充足という思考が採用された。履行義務の充足とは，財・サービスを移転（商製品の引渡，サービスの提供）させ，同時に対価が成立するのであるから，実現原則の適用と実質的に何ら変わることはないと解釈される。ただ，負債（履行義務）の減少（充足）が収益であるという思考を理解するために，次の一般的な商品売買の設例を取り上げ，履行義務の充足による収益認識の仕組みをみていくことにしよう。

> 設例 1

　近畿商事株式会社は週次決算の会社である。経理担当者のあなたは次のどの時点が収益を計上する正しい会計期間であるか考えなさい。

会計期間（1）：5月18日（日）― 5月24日（土）
　　5月19日　近畿商事は博多寿司から養殖マグロ5匹の注文を単価50万円で受けた。
　　5月20日　近畿商事は豊海通商に養殖マグロ5匹を単価35万円で仕入れるよう
　　　　　　　に注文した。
　　5月23日　豊海通商は近畿商事の魚倉庫に注文どおり養殖マグロ5匹を届けた。
　　　　　　　代金を掛けとした。
　　5月24日　近畿商事は決算を迎えた。
会計期間（2）：5月25日（日）― 5月31日（土）
　　5月27日　近畿商事は博多寿司へ仕入れておいた養殖マグロ5匹を配達し，代金
　　　　　　　は掛けとした。
　　5月30日　養殖マグロの代金の支払いとして博多寿司が振り出した約束手形を受
　　　　　　　け取った。
　　5月31日　近畿商事は決算を迎えた。
会計期間（3）：6月1日（日）― 6月7日（土）
　　6月4日　メインバンクの小若江銀行から約束手形が無事決済された旨の連絡を
　　　　　　　受けた。
　　6月5日　近畿商事は豊海通商に仕入代金を現金で支払った。
　　6月7日　近畿商事は決算を迎えた。

問1　一連のマグロの取引によって生じる売上高はどの会計期間に帰属しますか。
問2　一連のマグロの取引によって生じる売上原価はどの会計期間に帰属しますか。
問3　一連のマグロの取引によって生じる利益の金額はいくらですか。
問4　5月23日，27日，30日と6月4日，5日の取引の仕訳をしなさい。
問5　5月19日と5月20日ついては，現状の会計処理では仕訳なしですが，契約
　　に伴う権利義務関係を仕訳して示すとどのようになりますか。

　問1から問5の解答例は，解答欄に示されている。問1と問2について
は，近畿商事が養殖マグロを販売するという履行義務が会計期間（2）にお
いて充足されたのであるから，売上高と売上原価が帰属する期間は会計期間
（2）ということになる。問3と問4は解答欄のとおりである。
　収益認識基準における履行義務の充足という判断が問題となるのは，問5
である。5月19日の養殖マグロの受注と5月20日のその発注は，近畿商事
の資産や負債に変動をもたらさないため取引と認識されず仕訳なしとされて
きた。しかし，収益認識基準では顧客との契約から生ずる収益の認識に関し
て，契約に伴う**権利義務関係**の把握が重視されている。

164

解答

問1	会計期間（2）	問2	会計期間（2）		問3	750,000 円

<table>
<tr><td rowspan="5">問4</td><td colspan="6">5 月 23 日
（借）仕　　　　　入　1,750,000　　（貸）買　　掛　　金　1,750,000</td></tr>
<tr><td colspan="6">5 月 27 日
（借）売　　掛　　金　2,500,000　　（貸）売　　　　　上　2,500,000</td></tr>
<tr><td colspan="6">5 月 30 日
（借）受　取　手　形　2,500,000　　（貸）売　　掛　　金　2,500,000</td></tr>
<tr><td colspan="6">6 月 4 日
（借）当　座　預　金　2,500,000　　（貸）受　取　手　形　2,500,000</td></tr>
<tr><td colspan="6">6 月 5 日
（借）買　　掛　　金　1,750,000　　（貸）現　　　　　金　1,750,000</td></tr>
<tr><td rowspan="2">問5</td><td colspan="6">5 月 19 日（収益認識基準に基づいた理論的仕訳）
（借）将来代金受取権利　2,500,000　　（貸）将来商品引渡義務　2,500,000
5 月 27 日（収益認識基準に基づいた理論的仕訳）
（借）将来商品引渡義務　2,500,000　　（貸）売　　　　　上　2,500,000
（借）売　　掛　　金　2,500,000　　（貸）将来代金受取権利　2,500,000</td></tr>
<tr><td colspan="6">5 月 20 日（収益認識基準に基づいた理論的仕訳）
（借）将来商品受取権利　1,750,000　　（貸）将来代金支払義務　1,750,000
5 月 23 日（収益認識基準に基づいた理論的仕訳）
（借）仕　　　　　入　1,750,000　　（貸）将来商品受取権利　1,750,000
（借）将来代金支払義務　1,750,000　　（貸）買　　掛　　金　1,750,000</td></tr>
</table>

　収益認識基準ではその権利義務関係の帳簿記入が規定されているわけでは
ないが，本設例では 5 月 19 日の受注時に解答欄のとおり将来代金受取権利
と将来商品引渡義務を認識し，5 月 27 日の養殖マグロ配達時に将来商品引
渡義務を履行して売上（収益）を認識する仕訳を示している。つまり，履行
義務の充足（負債の減少）が収益を生み出すという思考はここにみられる。
また，その対価である売掛金は将来代金受取権利を履行したことにより計上
される。従来の会計実務では，その権利義務の仕訳を省いた「（借）売掛金
×××（貸）売上×××」の仕訳が行われてきただけのことである。

　現行の実務において解答欄のような権利義務関係を明示した仕訳がなされ
ることを示唆しているわけではないが，上述の説明から履行義務の充足によ
る収益認識の仕組みを理解できたであろう。なお，5 月 20 日と 23 日の仕訳

は商品仕入に関して権利義務関係を含めた記帳例を示したものである。

3　一定の期間にわたり充足される履行義務の認識

　履行義務が一定の期間にわたり充足される契約は**請負工事契約**が典型例であるが，一定の期間にわたり充足される履行義務については，履行義務の充足に係る進捗度を見積もり，当該進捗度に基づき収益を一定の期間にわたり認識する。

　ここでは，簡便な設例として「収益認識に関する会計基準の適用指針」の「設例Ⅰ」から商品の販売と保守サービスの提供が一体化している複数要素契約の設例を取り上げ5ステップによる収益の認識を検討してみよう。

設例2

　商品の販売と保守サービスの提供
① 　当期首に，A社はB社（顧客）と，標準的な商品Xの販売と2年間の保守サービスを提供する1つの契約を締結した。
② 　A社は，当期首に商品XをB社に引き渡し，当期首から翌期末まで保守サービスを行う。
③ 　契約書に記載された対価の額は12,000千円である。

　設例2の複数要素契約に5ステップを適用したA社の収益認識の手順をまとめたものが**図表11-6**である。

図表11-6　複数要素契約に対する5ステップの適用

ステップ1 契約の 識別	ステップ2 履行義務の 識別	ステップ3 取引価格の 算定	ステップ4 取引価格の 履行義務への 配分	ステップ5 履行義務の 充足による 収益認識
契約	商品Xの販売	取引価格 12,000千円	配分価格 10,000千円	一時点
	保守サービス の提供		配分価格 2,000千円	一定期間

ステップ1：契約の識別

　A社は顧客であるB社と商品Xの販売と保守サービスの提供を内容とする契約を締結している。契約時にA社の権利義務を認識すれば，次の仕訳を行うことができる。金額は未定である。

　（借）将来対価受領権利　　　　　　（貸）将来給付履行義務

ステップ2：履行義務の識別

　A社は，B社に対する履行義務が商品Xの移転と2年間の保守サービスの提供であると識別した。それらの履行義務を仕訳すれば，次のとおりである。金額は未定である。

　（借）将来給付履行義務　　　　　　（借）将来商品引渡義務
　　　　　　　　　　　　　　　　　　　　　将来保守サービス提供義務

ステップ3：取引価格の算定

　両社が締結した契約書に記載された対価の額は12,000千円である。ここでは，商品Xと保守サービスについて認識すべきそれぞれの価額は不明である。収益認識基準では，取引価格の算定にあたって次の項目の影響がないか考慮して取引価格の見積もりを行うことが求められている（収益認識基準48項）。各項目の括弧内は一例を示している。

　①変動対価（返品権付き販売）
　②契約における重要な金融要素（ローンによる自動車の販売）
　③現金以外の対価（現金＋ストック・オプション）
　④顧客に支払われる対価（年間販売契約によるキャッシュ・バック）

ステップ4：取引価格の履行義務への配分

　A社は，取引価格12,000千円のうち商品Xに対する対価と保守サービスに対する対価について配分計算を行う。実際には，契約の条件等を考慮して契約上の対価総額をどのように配分するか見積計算を行うが，ここでは配分を簡便化するために，商品Xの対価が10,000千円，保守サービスの対価が

2,000 千円となっている。

（借）将来対価受領権利　　12,000　（貸）将来商品引渡義務　　10,000
　　　　　　　　　　　　　　　　　　　将来保守サービス提供義務　2,000

ステップ 5：履行義務の充足による収益認識

　期首に商品 X の移転により履行義務（将来商品引渡義務）が充足され販
売収益を認識し，売掛金の計上は対価に対する権利（将来対価受領権利）を
履行したことによるものである。

（借）将来商品引渡義務　　10,000　（貸）売　　　　　　上　　10,000
　　　売　　　掛　　　金　　10,000　　　　将来対価受領権利　　10,000

　期末に 2 年間の保守サービスのうち当期に保守サービスが提供された分
（将来保守サービス提供義務の充足分）について，サービス提供収益（役務
収益）を認識し，その対価を受領する権利（将来対価受領権利）を履行した
結果として売掛金を計上する。次年度の保守サービスについては，次年度末
に同様の処理がなされる。

（借）将来保守サービス提供義務　1,000　（貸）役　　務　　収　　益　　1,000
　　　売　　　掛　　　金　　1,000　　　　将来対価受領権利　　1,000

　なお，仮に，期首に契約の対価（現金等）を受領していた場合，次年度に
引き継ぐ履行義務（将来保守サービス提供義務）は，後述のように期末貸借
対照表上は契約負債 1,000 と表示する。

4　経済的実質を考慮した収益認識

　収益認識基準では，図表 11 − 2 における認識基準のいくつかが認められな
くなった。その変更点の主なもののうちの 3 点は下のとおりであるが，従前
からの変化は取引の経済的実質（実態）について資産・負債の定義に基づい
て収益を認識する方法への改正であると解釈される。その論拠は，履行義務
の充足という負債の減少の事実が収益認識の時点と規定されたことにある。

①一般販売における商製品の支配の移転は買い手の**検収**（acceptance）の時点とされたが，従来の引渡基準の適用形態であった出荷基準については，国内取引である限り出荷から商製品の買い手への配達は長期を要せず，出荷時点で収益を認識することが認められる。

②割賦販売は，引渡日に商製品の移転が完了し対価が成立しているのであるから，引渡日に売上を認識し，割賦基準（**回収期限到来基準・回収基準**）による収益認識は認められなくなった。売り手は，分割払いの代金の回収日に，引渡日に計上された売掛金がそのつど回収金額の分だけ減少する仕訳を行う。なお，契約における重要な金融要素がある場合には，回収金額に含まれる受取利息の認識が求められる。

③返品権付き販売は，その売上の純額を計上する処理に変更となった。返品が見込まれる商製品の販売対価は**変動対価**に該当し，返品見込部分の対価について返品負債を計上して，当該負債を除いた正味の純売上高を計上する。また，返品が見込まれる財の原価相当額は返品資産として認識する。従前の処理では，売上高を総額で認識し，返品調整引当金を設定して会計処理（返品調整引当金繰入額および戻入額を売上総利益の下で加減）を行っていた。

また，貸借対照表の表示上の問題であるが，顧客から対価を受け取る前あるいは対価を受け取る期限が到来する前に，財・サービスを顧客に移転した場合は，収益を認識し，**契約資産**あるいは**顧客との契約から生じた債権**を貸借対照表に計上する。さらに，財・サービスを顧客に移転する前に顧客から対価を受け取る場合，顧客から対価を受け取ったときあるいは対価を受け取る期限が到来したときのいずれか早い時点で，顧客から受け取る対価について**契約負債**を貸借対照表に計上する（同 77 項 -78 項）。

収益認識基準における論点は，電気・ガス等の供給に対する検針基準等その他多岐にわたり，そのすべてを取り上げて解説することは本章の紙幅の制約もあり困難であることから，学習上重要と考えられる基本的論点の説明にとどめた。

第 **12** 章

税効果会計

第 1 節　税効果会計

1　税効果会計の意義

　税効果会計とは，企業会計の税金と実際の税金の差異を調整する目的で行われる。過去の取引事象の結果から将来の税金が減る場合に資産を，増える場合に負債を計上する処理方法である（税効果基準第一）。

　損益計算書上の最終利益は法人税等が差し引かれた利益であり，ここで算出される法人税等は，税務上のルールに基づいて計算されたものである。

　本来，損益計算書は企業の経営成績を表すためのものであり，税務上のルールに基づいて計算された法人税等は企業会計によって計算される法人税等の金額とは異なる。そのため，税務上の法人税等から企業会計上計算される法人税等に修正をする手続を行うことにより，期間的なずれを修正し，適正な損益計算を行うことが可能となる。

　税効果会計を適用しない場合と適用した場合を比較すれば**図表 12 - 1**，**図表 12 - 2**のようになる。

図表 12 - 1　税効果会計を適用しない場合（法定実効税率を 30% とする）

	×1期	×2期	×3期
税引前利益	100	100	100
法人税等	45	0	100
当期純利益	55	100	0

　税効果会計を適用しない場合，同一の税引前利益でも，法人税等および当期純利益がばらばらで利益の判断が難しい。

図表 12‑2　税効果会計を適用した場合（法定実効税率を 30% とする）

	×1期	×2期	×3期	考え方
税引前利益	100	100	100	企業会計の利益
法人税等	45	0	100	課税所得計算を基礎にした税金
法人税等調整額	▲15（30）	30	▲70（30）	企業会計の考え方に合わせて税金を修正
当期純利益	70	70	70	負担率が 30% になり，法定実効税率と一致する

　税引前利益に対して同一の税金が計上されている。法人税等調整額（▲部分）を入れることにより「対応している」ものと表現される。

2　税効果会計の仕訳処理

　税効果会計を適用した場合には，「**法人税等調整額**」という科目を使って調整（対応）を行う。
①繰延税金資産が生じる場合
　　（借）繰 延 税 金 資 産　　××　　　（貸）法 人 税 等 調 整 額　　××
②繰延税金負債が生じる場合
　　（借）法 人 税 等 調 整 額　　××　　　（貸）繰 延 税 金 資 産　　××

3　税効果会計の適用企業

　税効果会計の適用企業は，次のとおりである。
　①上場会社
　②金融商品取引法の適用を受ける非上場会社
　③会計監査人を設置している会社（非上場も含む）
　上記以外の企業への導入は**任意適用**となっており，重要性により判断する。中小企業では税効果会計を導入しない場合でも問題が起きることは少ないため，適用されない企業が多いのが実状となっている。

第2節　一時差異と永久差異

1　税効果会計適用のステップ

税効果会計を適用していく上で，税効果会計全体像の理解や税効果会計の
ステップを具体的にみると**図表12‐3**のとおりとなる。

図表12‐3　税効果会計適用のステップ

一時差異等の把握	法定実効税率の計算	繰延税金資産・負債の認識	回収可能性の検討	繰延税金資産・負債および法人税等調整額の計上

2　一時差異とは

一時差異とは，企業会計と税務会計の認識時期のずれによって生じる差異
をいう。収益と益金，費用と損金の範囲や考え方は同じであるものの，認
識・計上のタイミングが異なることによって生じる差異であり，いずれ解消
する差異をいう。解消する際には，課税所得からマイナスされる一時差異を
「将来減算一時差異」，対照的にプラスされる一時差異を「将来加算一時差
異」という（法人申告書別表四，五㈠）。

また，一時差異には，①期間差異と②評価差額等に分けられ，他に，③一
時差異に準ずるもの（繰越欠損金等）がある。

①将来減算一時差異の例（当期，翌期以降とトータルで差異は解消される）

・減価償却超過額

・貸倒引当金繰入超過額

・繰越欠損金

②将来加算一時差異の例（当期，翌期以降とトータルで差異は解消される）

・資産評価益否認

・法人税の未収計上額

・住民税の未収計上額

3　永久差異とは

永久差異とは，企業会計と税法との考え方自体が異なることにより生じる差異をいう。収益と益金，費用と損金について適用範囲や解釈が異なるために生じる差異であり，永遠に解消しない差異をいう。永久差異は調整が不可能であり，税効果会計の対象にはならない。

例えば，税務上，交際費は法人の規模に応じて損金として限度額が定められている。限度額を超える場合には，損金として認められないが，企業会計上は費用として計上できる。

永久差異には，次のものがある。

・交際費等の損金算入限度超過額

・寄付金の損金不算入額

・損金経理延滞税等

・受取配当金の益金不算入額

第3節　繰延税金資産・負債の認識と解消

税効果会計とは，会計上の利益と税務上の所得が一致しないことから生じる差額を，合理的に期間配分するための会計上の処理である。企業会計と税務会計の差異には，「一時差異」と「永久差異」の2つがあるが，税効果会計の対象となるのは一時差異のみである。そのため，一時差異の具体的な例を挙げれば次のようになる。

(1) 一時差異（期間差異）　棚卸資産評価損

会計上，正味売却価額（取得原価よりも下落している場合に限る）をもって貸借対照表価額とする。税務上は，原価法と低価法の選択適用であり，低価法を採用しない限り，原則として取得原価をもって帳簿価額とする。

設例 1

期末における棚卸資産の取得原価 100 円，正味売却価額 80 円の場合における税効果会計の仕訳を行いなさい（税務上原価法を選択，法定実効税率 30%）。

解答

（借）繰 延 税 金 資 産　　　　6　（貸）法 人 税 等 調 整 額　　　　6
（100 円 − 80 円）× 30% = 6 円

（2）一時差異（期間差異）　有価証券評価損（強制評価減）

会計上時価が著しく下落したときは，回復可能性がある場合を除き，時価をもって貸借対照表価額とする。税務上は，時価が簿価の概ね 50% 下落し，回収可能性が見込まれない場合は，時価をもって帳簿価額とする。

設例 2

取得価格 200 円，期末時価 80 円の投資有価証券に係る場合における税効果会計の仕訳をしなさい。なお，回収可能性は不明である（法定実効税率 30%）。

解答

（借）繰 延 税 金 資 産　　　　36　（貸）法 人 税 等 調 整 額　　　　36
（200 円 − 80 円）× 30% = 6 円

（3）一時差異（期間差異）　貸倒引当金

会計上，債権区分に応じた貸倒見積高を貸倒引当金として計上する。税務上は，貸倒引当金繰入限度が存在し，その範囲内でのみ貸倒引当金を計上する。

設例 3

会計上の貸倒引当金繰入額が 200 円，税務上の損金算入限度額が 100 円の場合における税効果会計の仕訳をしなさい（法定実効税率 30%）。

解答

　　（借）繰 延 税 金 資 産　　　　　30　（貸）法人税等調整額　　　　　30

（200 円 － 100 円）×30％ ＝ 30 円

（4）一時差異（期間差異）　賞与引当金

　会計上翌期に支払う賞与見込額のうち，当期の負担に属する金額を見積も
り，賞与引当金として計上する。税務上は，賞与引当金は計上しない。実際
支給年度に支給額を損金算入する。

設例 4

　会計上，翌期支給予定の賞与に係る賞与引当金 1,000 円を計上した場合にお
ける税効果会計の仕訳をしなさい（法定実効税率 30％）。

解答

　　（借）繰 延 税 金 資 産　　　　300　（貸）法人税等調整額　　　　300

1,000 円×30％ ＝ 300 円

（5）一時差異（期間差異）　退職給付引当金

　会計上将来支払うべき従業員に対する退職給付債務を見積もり，退職給付
引当金として計上する。税務上は，退職給付引当金は計上しない。支払時に
掛金拠出額もしくは実際給付額を損金算入する。

設例 5

　会計上，将来支給される退職金に係る退職給付引当金 1,000 円を計上した場
合における税効果会計の仕訳をしなさい（法定実効税率 30％）。

解答

　　（借）繰 延 税 金 資 産　　　　300　（貸）法人税等調整額　　　　300

1,000 円×30％ ＝ 300 円

(6) 一時差異（期間差異）　減価償却費

会計上，償却資産の実態に合わせて償却方法・耐用年数を個々に決定する。税務上は，償却資産の償却方法・耐用年数は，法定化されている。

設例 6

取得価額 500,000 円，定額法により会計上 5 年で減価償却（税務上法定耐用年数 10 年）した場合における税効果会計の仕訳をしなさい（法定実効税率 30％，償却率；対象年数 10 年：0.10・5 年：0.20）。

解答

（借）繰 延 税 金 資 産　　15,000　（貸）法人税等調整額　　15,000

（500,000 円×0.20 − 500,000 円×0.10）×30％＝15,000 円

(7) 一時差異（期間差異）　未払事業税

会計上，納付すべき額が確定した期に未払事業税を計上する。税務上は，実際の納付時に損金算入される。

設例 7

会計上，翌期申告・納付すべき事業税 100 円を未払事業税として計上した場合における税効果会計の仕訳をしなさい（法定実効税率 30％）。

解答

（借）繰 延 税 金 資 産　　30　（貸）法人税等調整額　　30

100 円×30％＝30 円

(8) 一時差異（期間差異）　圧縮記帳

会計上，税務上の圧縮記帳のような直接減額方式の他に，積立金方式が存在する。税務上は，一定の要件下で取得資産の取得価額を直接減額して帳簿価額とすることができる。

設例 8

　国から 500 円の補助金を受け，1,000 円の資産を購入し，税務上，圧縮記帳を実施した場合における税効果会計の仕訳をしなさい（法定実効税率 30%）。なお，会計上は直接減額処理を行っていないものとする。

解答

　（借）法 人 税 等 調 整 額　　　　150　（貸）繰 延 税 金 負 債　　　　150
500 円×30% = 150 円

（9）一時差異（評価差額等）　その他有価証券の評価差額

　会計上，時価をもって貸借対照表価額とする。なお，評価差額については，合計額を純資産の部に計上する（全部純資産直入法による）。税務上は，原則として取得原価をもって帳簿価額とする。

設例 9

　取得原価 100 円，期末時価 80 円のその他有価証券に係る評価替えおよび税効果会計の仕訳をしなさい（法定実効税率 30%）。

解答

　（借）評　価　差　額　　　　14　（貸）法 人 税 等 調 整 額　　　20
　　　　繰 延 税 金 資 産　　　　6
100 円 − 80 円 = 20 円　　20 円×（1 − 30%）= 14 円
20 円×30% = 6 円

（10）一時差異に準ずるもの　繰越欠損金

　繰越欠損金とは，課税所得のマイナス（赤字）であり，一定の要件下でその欠損金を繰り越し，将来発生する所得から控除することができる制度である。繰越欠損金は，将来支払うべき税金を減額させる効果があり，会計上と税務上の資産および負債の差額ではない。そのため，一時差異とはいえず，

「一時差異に準ずるもの」といわれる。

設例10

　×1年度に税務上の欠損金が100円発生した場合における税効果会計の仕訳をしなさい（法定実効税率30％）。

解答

　（借）繰 延 税 金 資 産　　　　30　（貸）法人税等調整額　　　　30
　※繰越欠損金の繰越可能期間は最長で10年。また，控除できる金額は，中
　　小法人等（大法人の100％子会社であるものを除く）・特定目的会社を除
　　いて，2018年4月1日以降開始事業年度においては，繰越控除前所得の
　　50％相当額に限られる。

第4節　繰延税金資産・負債の表示

　税効果会計を適用し，繰延税金資産，繰延税金負債が生じた場合，次のように財務諸表等において開示される。

1　個別財務諸表

　繰延税金資産および繰延税金負債を貸借対照表に計上する際の流動固定分類は，正常営業循環基準や1年基準とは異なる。まず，流動・固定とする必要はなく，**繰延税金資産**は，「投資その他の資産」の区分に計上し，**繰延税金負債**は，「固定負債」の区分に計上する。

　次に個別財務諸表上は，「投資その他の資産」と「固定負債」は相殺された上で，残ったものが貸借対照表に表示される。

2　連結財務諸表

　連結各企業の個別財務諸表に計上され，その後合算し，連結財務諸表に表示される。繰延税金資産または繰延税金負債は，各企業間では相殺しないこ

とに留意する。

3　注記による開示

　税効果会計は，将来の見積もりに依存することから，会社法による計算書類では，情報を補足するために注記による開示がなされる。

　有価証券報告書では，「繰延税金資産及び繰延税金負債の発生の主な原因別の内訳」に詳細に記載されている。

第 13 章

外貨建取引等会計

第 1 節　外貨建取引の意義

　企業の経済活動の国際化により，多くの企業が諸外国の企業との取引を行い，海外での事業活動を行っている。諸外国の企業と取引を行っても，日本円による取引（円建取引）であれば，これまで学習してきたような会計処理が可能である。しかし，諸外国の企業との取引では必然的に売買やその他の取引価格が外国通貨で表示されている取引（**外貨建取引**）が行われうることになる。また，円と外貨の換算額が一定（**固定相場制**）であれば，取引時，決算時，決済時点において日本円での表示（換算）額には変動は生じない。しかし，現在のように為替の相場が変動する（**変動相場制**）場合，日本円と外国通貨との換算レートは常に変動しており，同一の外貨建債権債務の日本円での評価額は常に変動する。そこで，どのような方法で，外貨建てで行われた取引を日本円へ換算するかについての指針を示したものが「外貨建取引等会計処理基準」および同注解であり，本章では，これに基づき外貨建取引の会計処理法についてみていくことにする。

　外貨建取引には，次のようなものがある（外貨注解注1）。

　①取引価額が外国通貨で表示されている物品の売買または役務の授受

　②決済金額が外国通貨で表示されている資金の借入または貸付

　③額面金額が外国通貨で補表示されている社債の発行

　④外国通貨による前渡金，仮払金の支払いまたは前受金，仮払金の受け入れ

　⑤決済金額が外国通貨で表示されているデリバティブ取引等

1 取引発生時の処理

外貨建取引を行った場合，その取引発生時の為替相場における円換算額を
もって，記録する（外貨基準一 1）。

取引発生時の為替相場とは次のようなものをいう（外貨注解注 2）。

- ・取引発生時の**直物為替相場**
- ・合理的な基礎に基づいて算定された平均相場
- ・取引の発生した日の直近の一定の日における直物為替相場

2 決算時の会計処理

決算時において外貨建の貸借対照表項目がある場合については，原則とし
て決算時に**図表 13-1**のような処理をする（外貨基準一 2）。

3 決済時の会計処理

外貨建金銭債権債務の決済に伴って生じる損益は，**為替差益勘定・為替差
損勘定**で処理し，当期の損益として計上する（同一 3）。

図表 13-1　外貨建金銭債権債務等の決算時の処理

財務諸表の項目		換算基準	換算差額の処理
外国通貨		CR	為替差損益
外貨建金銭債権債務※1		CR	為替差損益
外貨建 有価証券	売買目的有価証券	CC × CR	有価証券評価損益
	満期保有目的債券	HC × CR	為替差損益 （有価証券利息）
	その他有価証券	CC × HR	有価証券評価差額または有価証券 評価損※2
	子会社株式，関連会社株式	HC × HR	―
デリバティブ取引		CC × CR	デリバティブ損益

HC＝取得原価，CC＝時価，HR＝取得時の為替相場，CR＝決算時の為替相場

※1　外貨建自社発行社債のうち，転換請求期間満了前の転換社債（新株予約権付社債）は，
　　 HR で換算する。

※2　外貨建金銭債権債務および外貨建債券に償却原価法を適用する場合の償却額は，外国
　　 通貨による償却額を期中平均相場により円換算した額とする。

4　一取引基準と二取引基準

外貨建取引の会計処理は，その発生から決算までを1つの取引として会計処理する方法（**一取引基準**）と，外貨建取引と，それに伴って発生する外貨建金銭債権債務の決済とは，別個の独立した取引として会計処理する考え方（**二取引基準**）がある。現在わが国では二取引基準により会計処理が行われている。

設例 1

次の取引を（a）一取引基準，（b）二取引基準により仕訳しなさい。
① 商品1,000ドルを掛けで購入した。（為替レート1ドル＝110円）
② 決算を迎え，上記買掛金について評価替えを行った。（1ドル＝120円）
③ 上記買掛金について小切手を振り出して支払った。（1ドル＝125円）

解答

(a)　一取引基準
① （借）仕　　　　　　入　　110,000　（貸）買　　掛　　金　　110,000
② （借）仕　　　　　　入　　 10,000　（貸）買　　掛　　金　　 10,000
③ （借）仕　　　　　　入　　 5,000　（貸）買　　掛　　金　　 5,000
　 （借）買　　掛　　金　　125,000　（貸）当　座　預　金　　125,000
(b)　二取引基準
① （借）仕　　　　　　入　　110,000　（貸）買　　掛　　金　　110,000
② （借）為　替　差　損　　 10,000　（貸）買　　掛　　金　　 10,000
③ （借）為　替　差　損　　 5,000　（貸）買　　掛　　金　　 5,000
　 （借）買　　掛　　金　　125,000　（貸）当　座　預　金　　125,000

解説

設例は，円がドルに対して次第に安くなっている円安ドル高であるが，逆に，円高ドル安となった場合には為替差益が生じる。なお，売掛金（債権）の場合は円安時には為替差益，円高時に為替差損が生じる。

第2節　為替予約

1　為替予約の意義

　企業が外国為替公認銀行との間で，将来において外貨と円とを交換するときに適用される為替相場を現時点であらかじめ予約しておくことを**為替予約**という。これは，外貨建取引を行った場合，そこで生じる外貨建金銭債権債務について，外国為替相場の変動によって生じる不利なリスク（為替リスク）をヘッジ（回避）するための手段として利用される。

2　為替予約取引の会計処理

　為替予約取引を行った場合の会計処理方法には，**独立処理**と**振当処理**がある。

(1)　独立処理

　独立処理とは，外貨建金銭債権債務取引と為替予約を別個の取引と見なして処理する方法である。すなわち，外貨建金銭債権債務は為替予約の付されていない場合と同様に処理し，為替予約についてはデリバティブ取引と同様に処理される（金融商品基準25項）。

(2)　振当処理

　振当処理とは，外貨建金銭債権債務取引と為替予約を1つの取引と見なして処理する方法である。そこでは，外貨建金銭債権債務の発生または取得における円換算価額と，為替予約での円価額において差が生じうる。その差額のうち，為替予約の締結時までに生じた為替相場の変動による差額（**直々差額**）は，予約日の属する期の為替差損益として処理する。また，残額である予約額とその時点の円換算額との差額（**直先差額**）は予約日の属する期から，決済日の属するまでの期間にわたって合理的な方法によって配分される（外貨基準一1，2（1），外貨注解注6，注7）。

設例2

次の岡山商事の取引を（a）独立処理（b）振当処理により仕訳しなさい。

① ×1年10月1日，ルナ商会に商品1,000ドルを売却し，代金は掛けとした。

② ×1年11月1日，上記売掛金の受取日（3月31日）を実行日とする為替予約契約を1ドル＝108円で行った。

③ ×1年12月31日，決算を迎えた。

④ ×2年3月31日，ルナ商会から売掛金1,000ドルを現金で受け取るとともに為替予約契約を実行した。

なお，為替相場の変動は次のとおりであった。

日付	×1年10月1日	×1年11月1日	×1年12月31日	×2年3月31日
直物相場	1ドル＝114円	1ドル＝113円	1ドル＝110円	1ドル＝105円
予約相場	1ドル＝110円	1ドル＝108円	1ドル＝106円	1ドル＝105円

解答

(a) 独立処理

① （借）売　掛　金　114,000　（貸）売　　　上　114,000

② 仕訳なし

③ （借）為　替　差　損　　4,000　（貸）売　掛　金　　4,000
　（借）為　替　予　約　　2,000　（貸）為　替　差　益　　2,000

④ （借）現　　　金　105,000　（貸）売　掛　金　110,000
　（借）為　替　差　損　　5,000
　（借）為　替　予　約　　1,000　（貸）為　替　差　益　　1,000
　（借）現　　　金　108,000　（貸）現　　　金　105,000
　　　　　　　　　　　　　　　（貸）為　替　予　約　　3,000

※設問の「為替予約」は差益から生じるもので，未収金の性格をもつ。

(b) 振当処理

① （借）売　掛　金　114,000　（貸）売　　　上　114,000

② （借）為　替　差　損　　1,000　（貸）売　掛　金　　6,000
　　　　前　払　費　用　　5,000

③	（借）	為	替	差	損	2,000	（貸）	前	払	費	用	2,000
④	（借）	現			金	108,000	（貸）	売		掛	金	108,000
	（借）	為	替	差	損	3,000	（貸）	前	払	費	用	3,000

※「為替差損」は直々差額,「前払費用」は直先差額より生じている。

第3節　在外支店の財務諸表の換算

1　在外支店の財務諸表項目の換算基準

　海外に支店があり,本支店独立の会計処理を行っていて,その支店の取引の多くが外国通貨で行われている場合,帳簿記録,財務諸表の作成も外国通貨で行われる。このような外国通貨で表示されている在外支店の財務諸表は,本店との合併財務諸表を作成する場合には,日本円に換算する必要が生じる。その換算方法は,基本的に本店と同じ方法を採用するが,具体的には図表13-2のとおりである（外貨基準二1, 2）。

図表13-2　在外支店の換算基準（支店独立会計制度採用時）

財務諸表の項目		換算基準
通貨・金銭債権債務・有価証券		本店と同じ
棚卸資産,有形固定資産など		HR ※1, 2
収益および費用	収益性負債の収益価額および費用性資産の費用価額	HR
	その他	HR（AR）
本店勘定		HR

HR =取得時の為替相場,CR =決算時の為替相場,AR =期中平均為替相場,
HC =取得原価,CC =時価

※1　販売を目的とする棚卸資産について低価基準を適用する場合,HC × HR と CC × CR を比較してどちらか低い方を貸借対照表価額とする。

※2　棚卸資産・有形固定資産などの額に重要性がない場合には,すべての貸借対照表項目（支店における本店勘定等を除く）について CR による円換算価額を付することができる。この場合,収益および費用についても CR で換算することができる。

2　換算差額の処理

在外支店が，本店と異なる方法により換算を行うことによって生じる換算差額は，為替差益勘定または為替差損勘定で処理し，当期の損益として計上する（同二 3）。

設例 3

次の資料に基づき，X 社の在外支店の円価額による貸借対照表および損益計算書を作成しなさい。

資料 1　在外支店の決算整理後残高試算表

決算整理後残高試算表

×2 年 3 月 31 日　　　　　　　　　　　（単位：ドル）

現　金　預　金	2,000	買　　掛　　金		4,000
売　　掛　　金	3,000	備品減価償却累計額		3,000
繰　越　商　品	4,000	本　　　　　店		5,000
備　　　　　品	5,000	売　　　　　上		12,600
仕　　　　　入	7,000			
減　価　償　却　費	600			
その他の諸費用	3,000			
	24,600			24,600

資料 2

(1)　本店の支店勘定残高は 600,000 円である。

(2)　期首商品棚卸高は 3,000 ドル，当期仕入高は 8,000 ドルである。

(3)　為替相場は次のとおりであった。

備品購入時：1 ドル＝100 円　　前期 AR：1 ドル＝110 円

当期 AR：1 ドル＝120 円　　　CR（当期末）：1 ドル＝115 円

貸借対照表

×2 年 3 月 31 日 （単位：円）

現　金　預　金	240,000	買　　掛　　金
売　　掛　　金	360,000	備品減価償却累計額
繰　越　商　品	460,000	本　　　　店
備　　　　品	500,000	当 期 純 利 益※1
	1,560,000	

	480,000
	300,000
	600,000
	180,000
	1,560,000

損益計算書

×1 年 4 月 1 日から×2 年 3 月 31 日 （単位：円）

期 首 商 品 棚 卸 高	330,000	売　　上　　高	1,449,000
当 期 商 品 仕 入 高	920,000	期 末 商 品 棚 卸 高	460,000
減　価　償　却　費	60,000		
諸　　費　　用	345,000		
為　替　差　益※2	74,000		
当　期　純　利　益	180,000		
	1,909,000		1,909,000

※1　（240,000 円＋360,000 円＋460,000 円＋500,000 円）－（480,000 円＋300,000
　　 円＋600,000 円）

※2　（330,000 円＋920,000 円＋60,000 円＋345,000 円＋180,000 円）－（1,449,000
　　 円＋460,000 円）

第 4 節　在外子会社の財務諸表の換算

1　在外子会社の財務諸表項目の換算基準

　外国の企業は，基本的に外国通貨により取引を行っており，そこで作成される財務諸表も当然に外貨での計算・表示がなされている。このような外国通貨で表示されている在外子会社の作成する財務諸表と日本円で計算表示されている親会社の財務諸表との連結を行う場合には，それらの財務諸表項目

図表13-3　在外子会社の財務諸表項目の換算

財務諸表の項目		換算基準
資産および負債		CR
純資産の部	親会社による株式取得時における諸項目	HR
	親会社による株式取得後における諸項目	発生時のHR
収益および費用	親会社との取引	親会社と同じ
	親会社以外の取引	ARまたはCR

HR＝取得時の為替相場，CR＝決算時の為替相場，AR＝期中平均為替相場

を，日本円に換算する必要がある。その計算方法は，基本的に**決算日レート法**で行われるが，具体的には**図表13-3**のとおりである（同三1～3）。

2　換算差額の処理

　在外子会社の財務諸表の換算によって生じた換算差額については，**為替換算調整勘定**として，貸借対照表の純資産の部に記載される（同三4）。

設例4

　次の資料に基づき，P社の在米子会社であるS社の円価額による貸借対照表，損益計算書を作成しなさい。

資料1　　S社の決算整理後残高試算表

決算整理後残高試算表

×2年3月31日　　　　　　　　　　（単位：ドル）

現　金　預　金	2,000	買　　掛　　金	4,000
売　　掛　　金	3,000	備品減価償却累計額	3,000
繰　越　商　品	4,000	資　　本　　金	5,000
備　　　　　品	5,000	売　　　　　上	12,600
仕　　　　　入	7,000		
減　価　償　却　費	600		
その他の諸費用	3,000		
	24,600		24,600

(1) P社はS社株式の100%を一括取得している。

(2) 期首商品棚卸高は3,000ドル，当期仕入高は8,000ドルである。

(3) 子会社の財務諸表項目に親会社との取引はないものとする。

　　為替相場は次のとおりであった。

　　P社によるS社株式の購入時：1ドル＝100円

　　AR　　：1ドル＝120円　　CR（当期末）：1ドル＝115円

解答

貸借対照表

×2年3月31日　　　　　　　　　　　　（単位：円）

現　金　預　金	230,000	買　　掛　　金	460,000
売　　掛　　金	345,000	備品減価償却累計額	345,000
繰　越　商　品	460,000	資　　本　　金	500,000
備　　　　　品	575,000	為替換算調整勘定[※1]	65,000
		当　期　純　利　益	240,000
	1,610,000		1,610,000

損益計算書

×1年4月1日から×2年3月31日　　　　（単位：円）

期首商品棚卸高	360,000	売　　上　　高	1,512,000
当期商品仕入高	960,000	期末商品棚卸高	480,000
減　価　償　却　費	72,000		
諸　　費　　用	360,000		
当　期　純　利　益[※2]	240,000		
	1,992,000		1,992,000

※1　（230,000円＋345,000円＋460,000円＋575,000円）－（460,000円＋345,000
　　円＋500,000円＋240,000円）

※2　（1,512,000円＋480,000円）－（360,000円＋960,000円＋72,000円＋360,000
　　円）

第 **14** 章

財務諸表の作成

第1節　財務諸表の体系

　ここでは，会社法と金融商品取引法の下で，作成と報告が要求されている
会計書類について簡潔に解説しよう。

　連結財務諸表については，第15章の連結会計で解説するのでここでは個
別財務諸表の体系について言及していく。**図表14‒1**をみていただくとお気
づきのとおり，**会社法**と**金融商品取引法**において，個別財務諸表に対して求
められているものには重複が多い。会社法であっても，金融商品取引法であ
っても，基本財務諸表は**損益計算書**と**貸借対照表**である。金融商品取引法で
は，個別ベースにおいては任意でキャッシュ・フロー計算書の公表を求めて
いるが，現状，連結財務諸表公開会社は連結キャッシュ・フロー計算書の公
開が求められているため，個別財務諸表においてキャッシュ・フロー計算書

図表14‒1　金融商品取引法と会社法の下での財務諸表の種類

<table>
<tr><td colspan="2"></td><td>会社法の計算書類</td><td>金融商品取引法の財務諸表</td></tr>
<tr><td colspan="2"></td><td>会社法435条2項
会社計算規則59条1項</td><td>金融商品取引法193条
財務諸表規則1条</td></tr>
<tr><td rowspan="2">利益決定</td><td>基本財務諸表</td><td>損益計算書
貸借対照表</td><td>損益計算書
貸借対照表
（キャッシュ・フロー計算書）</td></tr>
<tr><td>補足情報</td><td>事業報告
注記表，附属明細書</td><td>附属明細表</td></tr>
<tr><td colspan="2">株主資本</td><td>株主資本等変動計算書</td><td>株主資本等変動計算書</td></tr>
</table>

出所：桜井久勝『財務会計講義　第23版』中央経済社，2022年，290頁から筆者作成。

を公開する会社は少ない。

　補足情報において，会社法では，附属明細書に加えて注記表・事業報告の公開が求められている。株主資本等変動計算書については，会社法および金融商品取引法において公開が求められている。

第2節　貸借対照表の作成原理

1　貸借対照表の意義

　貸借対照表とは，株主や債権者などの利害関係者に一定時点の財政状態を明らかにするために，すべての資産・負債・および純資産（資本）を1つの表にまとめたものである。ここにいう財政状態とは，企業の経営活動に必要な資金が，いかなる源泉から調達され，調達した資金がいかなる資産に投下されたかを示す状態のことをいう。したがって，貸借対照表とは，一定時点における資金の調達源泉と運用形態を明らかにしている財務諸表の1つであるといえる。調達源泉とは，どこから資金を集めてきたかを指し，それは債権者等から調達してきた負債と株主等から調達してきた純資産に分類されよう。

　企業会計原則では，「貸借対照表は，企業の財政状態を明らかにするために，貸借対照表日におけるすべての資産，負債及び資本を記載し，株主，債権者，その他の利害関係者にこれを正しく表示するものでなければならない」と述べられている。このように，企業は財政状態を正しく表示した貸借対照表の作成，すなわち，利害関係者が企業の財政状態に関し，的確な判断が下せるような貸借対照表を作成しなければならない。

2　貸借対照表の区分

　財政状態を正しく表示するためには，資産，負債および純資産を適当な区分，配列および分類の基準に従って貸借対照表に記載することが必要とされる。そこで，資産は流動資産・固定資産・繰延資産の3つに区分されるが，固定資産については，さらに，有形固定資産・無形固定資産・投資その他の

資産に細分される。負債は流動負債と固定負債とに区分される。資産と負債をこのように区分するには資産・負債の流動・固定分類の基準が必要となるが，この基準として**正常営業循環基準**と**1年基準**があることはすでに説明済みである。このように，資産と負債を流動項目と固定項目に区分することにより，財務上の健全性や安全性等の判断あるいは分析が行いやすくなるので，貸借対照表の有用性が高まる。

　資産と負債を流動項目と固定項目に区分したら，次に，流動項目と固定項目をどのような順序で配列するかが問題となるが，企業会計原則（第三・三）では原則として**流動性配列法**に従って記載することが求められている。流動性配列法とは，資産を換金速度の速い項目から順に，流動資産・固定資産の順に配列する方法である。ほとんどの企業は流動性配列法に従って貸借対照表を作成している。

　この流動性配列法の他に，資産を資金の固定度が高い固定資産から先に，流動資産の順に，負債に関しては返済期限が長期の固定負債から先に，流動負債の順に配列する**固定性配列法**がある。電気通信産業等，総資産に対して固定資産の割合が大きい企業が固定性配列法を採用している。

　純資産については，その発生源泉の相違に基づいて，株主資本，評価・換算差額等（連結財務諸表の場合はその他包括利益累計額），新株予約権の3つに区分される。詳しくは，第10章の純資産会計で確認してほしい。

3　総額主義の原則

　企業会計原則（第三・一・B）では，「資産，負債及び資本は総額によって記載することを原則とし，資産の項目と負債又は資本の項目とを相殺することによって，その全部又は一部を貸借対照表から除去してはならない」とあり，貸借対照表項目の総額表示を要求している。資産と負債の一部が相殺された場合，例えば，売掛金と買掛金が相殺された場合，債権と債務の総額がわからなくなり，財政状態の把握が難しくなる。そのため，総額表示が求められるのである。

4 作成様式

貸借対照表の作成において，勘定式による作成と報告式による作成が存在する。勘定式とは，複式簿記の原理に基づき，借方側に資産を，貸方側に負債と純資産を記載し，これらを左右対照で表示させる方法である。一方，報告式とは，縦列に，資産・負債・純資産の順に各項目を配列する方法である。一般には，報告式を目にすることが多いと思われるので，ここでは報告式での作成例を例示しよう（**図表14-2**）。×××には任意の数字が入る。

図表14-2 貸借対照表のひな型

資産の部	
流動資産	
現金預金	×××
受取手形	×××
売掛金	×××
商品	×××
貸付金	×××
流動資産合計	×××
固定資産	
有形固定資産	
建物及び構築物	×××
減価償却累計額	△×××
建物及び構築物（純額）	×××
土地	×××
建設仮勘定	×××
リース資産	×××
有形固定資産合計	×××
無形固定資産	
特許権	×××
のれん	×××
無形固定資産合計	×××
投資その他の資産	
長期預金	×××
投資有価証券	×××
関係会社株式	×××
繰延税金資産	×××

投資その他の資産合計	×××
固定資産合計	×××
繰延資産	
株式交付費	×××
繰延資産合計	×××
資産合計	×××
負債の部	
流動負債	
支払手形	×××
買掛金	×××
短期借入金	×××
流動負債合計	×××
固定負債	
長期借入金	×××
リース債務	×××
社債	×××
固定負債合計	×××
負債合計	×××
純資産の部	
株主資本	
資本金	×××
資本剰余金	
資本準備金	×××
その他資本剰余金	×××
利益剰余金	
利益準備金	×××
その他利益剰余金	×××
株主資本合計	×××
評価換算・差額等	
その他有価証券評価差額金	×××
繰延ヘッジ損益	×××
新株予約権	×××
純資産合計	×××
負債純資産合計	×××

第3節　損益計算書の作成原理

1　損益計算書の意義と区分

　損益計算書とは，企業の一定期間の経営成績を明らかにするために，収益と費用を対照表示し，その差額として利益を明らかにするものである。損益計算書で明らかにされる項目は，利益の過多だけでなく，利益の発生原因，および，利益の計算過程である。

　企業会計原則（第二・一）では「損益計算書は，企業の経営成績を明らかにするため，一会計期間に属するすべての収益とこれに対応するすべての費用とを記載して…当該純利益を表示しなければならない」と述べられている。このように，企業は経営成績を正しく表示した損益計算書の作成，すなわち，利害関係者が企業の経営成績に関して的確な判断を下すことができる損益計算書を作成する必要があるのである。実際の損益計算書は区分損益計算である。区分損益計算の区分は，営業損益計算，経常損益計算，純損益計算である。区分損益計算の原理は第11章の損益計算を参照されたい。

2　総額主義の原則

　企業会計原則（第二・一・B）では，「費用及び収益は総額によって記載することを原則とし，費用の項目と収益の項目とを直接に相殺することによってその全部または一部を損益計算書から除去してはならない」とし，損益計算書項目の総額表示を求めている。収益と費用が相殺された場合，例えば，売上高と売上原価が相殺されて差額としての売上総利益だけが表示された場合，取引の規模や収益力を把握することができず，経営成績の適正な表示という観点から難があることは明らかであろう。

3　作成様式

　貸借対照表同様，損益計算書においても，勘定式と報告式とがあるが，実務では報告式が採用されるケースが多いため，ここでも報告式の作成例を示

図表 14 - 3　損益計算書のひな型

売上高	×××
売上原価	×××
売上総利益	×××
販管費及び一般管理費	×××
営業利益	×××
営業外収益	
受取利息および配当金	×××
その他	×××
営業外収益合計	×××
営業外費用	
支払利息	×××
その他	×××
営業外費用合計	×××
経常利益	×××
特別利益	
固定資産売却益	×××
固定資産除却益	×××
特別利益合計	×××
特別損失	
減損損失	×××
その他	×××
特別損失合計	×××
税引前当期純利益	×××
法人税，住民税および事業税	×××
法人税等調整額	×××
法人税など合計	×××
当期純利益	×××

しておく（**図表 14 - 3**）。貸借対照表同様，×××は任意の数字が入る。

第 4 節　株主資本等変動計算書の作成原理

1　株主資本等変動計算書の意義

　平成 17 年 7 月 26 日に制定された会社法において，従来作成が求められて

いた利益処分案が廃止され，それに代わるものとして株主資本等変動計算書が作成されるようになった（会社法435条2項，計規91条1項）。当該計算書が作成されるようになった理由は，会社法等の改正により株主資本等を中心とした期中の変動（剰余金の配当，株主資本の計数変動）が増加したため，「株主資本等の変動」についてより詳細な情報提供が必要になったからである。企業会計基準委員会が平成17年12月27日に公表した企業会計基準第6号「株主資本等変動計算書に関する会計基準」において，個別・連結の株主資本等変動計算書の作成目的，表示区分，表示方法が定められている。

(1) 作成目的
株主資本等変動計算書は，貸借対照表の純資産の部の一会計期間における変動額のうち，主として株主に帰属する部分である株主資本の各項目の変動事由を報告するために作成するものである（変動計算書基準1項）。

(2) 表示区分
株主資本等変動計算書の表示区分は，純資産会計基準に定める貸借対照表の純資産の部の表示区分に従う（同4項）。株主資本，評価，換算差額等および新株予約権に分類して記載される（会社法127条2項一，財規100条1項）。その分類にあっては，適切な項目に区分し，当該項目を示す名称を付した科目をもって掲記しなければならない（財規100条2項）。

(3) 表示方法
株主資本等変動計算書に表示される各項目の前期末残高および当期末残高は，前期および当期の貸借対照表の純資産の部における各項目の期末残高と整合したものでなければならない（変動計算書基準5項）。

(4) 株主資本の各項目の区分と表示方法
貸借対照表の純資産の部における株主資本の各項目は，前期末残高，当期

変動額および当期末残高に区分し，当期変動額は変動事由ごとにその金額を表示する（同6項）。個別損益計算書の当期純利益（または純損失）は，個別株主資本等変動計算書においてその他利益剰余金またはその内訳科目である繰越利益剰余金の変動事由として表示する。その結果，個別損益計算書の末尾は，従来示されていた当期未処分利益が廃止されて本来の損益計算の結果を示す純利益（または純損失）で示されることになった。

(5) 株主資本以外の各項目の区分と表示方法

貸借対照表の純資産の部における株主資本以外の各項目（評価・換算差額等，新株予約権）は，前期末残高当期変動額および当期末残高に区分し，当期変動額は純額で表示する（同8項）。ただし，当期変動額について主な変動事由ごとにその金額を表示（注記による開示を含む）することができる。

2　株主資本等変動計算書の作成様式

株主資本等変動計算書の様式には，純資産の項目を横に並べる様式と縦に並べる様式の2つがある。ここでは縦に並べる様式を示すことにする（**図表14-4**）。

図表14－4　株主資本等変動計算書のひな型

	資本金	資本準備金	その他資本剰余金	資本剰余金合計	利益準備金	任意積立金	繰越利益剰余金	利益剰余金合計	自己株式	株主資本合計	その他有価証券評価差額金	新株予約権	純資産合計
		資本剰余金			利益剰余金	その他利益剰余金					評価・換算差額等		
					株主資本								
当期首残高	×××	×××	×××	×××	×××	×××	×××	×××	×××	×××	×××	×××	×××
当期変動額													
新株発行	×××	×××		×××						××××			××××
剰余金の配当					×××		△××××	△××××		△××××			△××××
圧縮積立金の積立						×××	△××××	—		—			—
当期純利益							××××	××××		××××			××××
自己株式の取得									△××××	△××××			△××××
自己株式の処分			×××	×××					××××	××××			××××
有価証券評価差額金の増減											××××	△××××	××××
当期変動額合計	×××	×××	×××	×××	×××	×××	×××	×××	△××××	×××	×××	△××××	×××
当期末残高	×××	×××	×××	×××	×××	×××	×××	×××	△××××	×××	×××	×××	×××

※新株予約権行使時は新株予約権欄に記入する

200

第5節　キャッシュ・フロー計算書の作成原理

1　キャッシュ・フロー計算書の意義

　キャッシュ・フロー計算書とは，一定期間におけるキャッシュの流れを営業活動，投資活動，財務活動のそれぞれの活動ごとに表示し，企業がキャッシュをどの活動でどれだけ生み出したか・どれだけ使ったか，その結果それぞれの活動でどれだけのキャッシュの増減があったかを明らかにする計算書である。

　発生主義会計の下では，収益・費用は，キャッシュの裏付けと関係なく計上されるため，利益とキャッシュには必然的にずれが生じてくる。したがって，利益とキャッシュが1対1で対応することはない。そのため，企業が現金収入の余剰を生み出す能力・債務返済能力を評価するためには，貸借対照表と損益計算書に加えて，収入・支出に関する情報を記載したキャッシュ・フロー計算書が必要となるのである。

　それでは，実際にキャッシュ・フロー計算書にはどのような役割が期待されているのであろうか？　それは，①発生主義会計の元で算出された利益額にどの程度の資金的な裏付けがあるかを示して，利益の質を明らかにすることであり，②資金繰りの観点から企業の安全性の評価に役立つ情報を提供することにある。いわゆる，「勘定合って銭足らず」という言葉に代表される「黒字倒産」が起こりうる企業がないかどうかを確かめるという観点からキャッシュ・フロー計算書は利用されるのである。

　キャッシュ・フロー計算書における資金の概念は，現金および現金同等物に限定される（連結 CF 基準第二・一・注解1および2）。現金には，手許現金だけでなく，当座預金・普通預金・通知預金等の要求払預金も含まれる。現金同等物は，容易に換金することができ，かつ，価値の変動について僅少なリスクしか負わない短期投資のことをいう。例えば，取得日から満期日または償還日までの期間が3か月以内の短期投資である定期預金やコマーシャル・ペーパーなどが該当する。よく間違われやすいものとして，短期保有目

的で保有する市場性ある有価証券があるが，これは，価格変動リスクが高いため現金同等物には入らないので注意が必要である。

2　キャッシュ・フロー計算書の区分
(1) 営業活動によるキャッシュ・フローの区分
　この区分では，企業の営業活動を通じて獲得したキャッシュ・フローの金額が記載される。営業損益活動にかかわった取引に関連するキャッシュ・フローの金額が表示される。これに加えて，投資活動や財務活動には含まれない事象の取引によるキャッシュの増減も記載される。

(2) 投資活動によるキャッシュ・フローの区分
　この区分では，投資活動によるキャッシュの増減，すなわち，将来の利益およびキャッシュ・フローを獲得することを目的とした投資活動からのキャッシュの増減が記載される。主な活動として，有形・無形固定資産の売却による収入，有形・無形固定資産の取得による支出，投資有価証券の売却による収入，投資有価証券の購入による支出，貸付金支出や貸付金の回収による収入などである。

(3) 財務活動によるキャッシュ・フローの区分
　この区分では，資金調達および返済によるキャッシュ・フローが記載される。主な活動として，株式や社債の発行による収入，借入れによる収入，社債の償還や借入れの返済による支出，配当金の支払いが挙げられる。

3　直接法と間接法と作成様式
　営業活動によるキャッシュ・フローの区分表示方法には，直接法と間接法がある。以下，この2つの方法について解説を加えていく。

(1) 直接法
　直接法とは，営業収入，営業支出，人件費の支出，その他営業支出等，主

図表 14 - 5　直接法によるキャッシュ・フロー計算書のひな型

営業活動によるキャッシュ・フロー	
営業収入	×××
原材料または商品の仕入れによる支出	△×××
人件費の支出	△×××
その他営業支出	△×××
小計	×××
利息および配当金の受取額	×××
法人税等の支払額	△×××
営業活動によるキャッシュ・フロー	×××

　要な取引ごとに収入総額と支出総額を表示する方法のことをいう。直接法は，企業の収支を総額で表示するという長所を有している。その一方で，取引をキャッシュを伴うものとそうでないものとに分ける必要があるので，作成に手間がかかるという短所も存在する。直接法による営業活動からのキャッシュ・フローの表示例は**図表 14-5**のとおりである。×××には任意の数字が入る。

（2）間接法

　間接法とは，当期純利益からスタートして，収益と収入のずれ，費用と支出のずれの部分を調整することで，発生主義に基づいた利益をキャッシュ・フロー情報へと転換する方法である。主な調整項目として，減価償却費などの非資金損益項目，収益・費用の期間的なずれから生ずる売掛金や買掛金等の増減などが挙げられる。日本において，大多数の企業が間接法を採用している。その理由は，間接法では，純利益からスタートして，各種調整項目を加減することで営業活動からのキャッシュ・フローが導かれるため，直接法に比べると作成が簡単であり，キャッシュ・フローと利益のずれが明示的になり，キャッシュ・フローに対する利益の重要性が明らかになるからである。間接法によるキャッシュ・フロー計算書の表示例は**図表 14-6**のとおりである。日本では多くの企業が間接法を採用しているため，ここでは，キャ

図表 14-6　間接法によるキャッシュ・フロー計算書のひな型

営業活動によるキャッシュ・フロー	
税金等調整前当期純利益	×××
減価償却費	×××
減損損失	×××
貸倒引当金の増加額	×××
賞与引当金の増減額（△は減少）	×××
退職給付に係る負債の増減額（△は減少）	×××
受取利息および受取配当金	△×××
支払利息	×××
売上債権の増減額（△は増加）	△×××
棚卸資産の増減額（△は増加）	×××
仕入債務の増減額（△は減少）	△×××
その他	△×××
小計	×××
法人税等の支払額	△×××
営業活動によるキャッシュ・フロー	×××
投資活動によるキャッシュ・フロー	
有形固定資産の売却による収入	×××
有形固定資産の取得による支出	△×××
無形固定資産の売却による収入	×××
無形固定資産の取得による支出	△×××
有価証券の売却による収入	×××
有価証券の償還による収入	×××
有価証券の取得による支出	△×××
その他	×××
投資活動によるキャッシュ・フロー	△×××
財務活動によるキャッシュ・フロー	
長期借入れによる収入	×××
社債の発行による収入	×××
リース債務の返済による支出	△×××
自己株式の取得による支出	△×××
利息の支払額	△×××
配当金の支払額	△×××
その他	×××
財務活動によるキャッシュ・フロー	△×××
現金および現金同等物の増減額（△は減少）	×××
現金および現金同等物の期首残高	×××
現金および現金同等物の期末残高	×××

ッシュ・フロー計算書の全体像を示しておく。×××には任意の数字が入る。

　キャッシュ・フロー計算書において，すべての取引が必ずしも明確に3区分できるわけではない。とりわけ，受取利息・配当金，支払利息・配当金の区分については，営業活動によるキャッシュ・フローと捉えることもできるし，投資活動によるキャッシュ・フローや財務活動によるキャッシュ・フローと考えることもできる。これは，業種・業態によって位置付けが変わってくることに起因しているに他ならない。そこで，わが国において，継続適用を条件に，以下の2つのパターンのどちらかを選択することを要請している（連結CF基準第二，二，3）。

　①受取配当金，受取利息→投資活動

　　支払利息，支払配当金→財務活動

　②受取配当金，受取利息，支払利息→営業活動

　　支払配当金→財務活動

4　キャッシュ・フロー計算書の見方

　キャッシュ・フロー計算書をみる際に，営業活動によるキャッシュ・フロー，投資活動によるキャッシュ・フロー，財務活動によるキャッシュ・フローのバランスがどのようにとられているかをみることが必要である。考えられるキャッシュ・フローのパターンは**図表14-7**の8パターンである。

　一般に，営業キャッシュ・フローがマイナスの企業は要注意である。したがって，上のパターンのうち多くの企業は1～4に当てはまるといえよう。また，通常，企業は，営業活動で獲得したキャッシュを設備投資等に回すの

図表14-7　キャッシュ・フローのパターン

	1	2	3	4	5	6	7	8
営業 CF	+	+	+	+	−	−	−	−
投資 CF	+	+	−	−	+	+	−	−
財務 CF	+	−	−	+	+	−	+	−

で，多くの企業が1〜4のパターンのうち，3または4のパターンをとると推察される。どの組み合わせが理想なのかは，企業の置かれている環境条件や企業のとりうる戦略で変わってくるので，ここでの説明はあくまでも一例であることに注意されたい。

第6節　注記と附属明細表

1　注記の意義と方式

　財務諸表の作成に際しては，注記という手法が用いられる。注記とは，財務諸表本体の記載内容に関連する重要事項を，財務諸表の本体とは別の箇所に言葉や数値で記載したものである。注記を読むことで財務諸表の本体を深く理解できるようになるため，会計情報の明瞭表示の観点から用いられている。注記には，①継続企業の前提や重要な会計方針および会計上の見積等，財務諸表の作成の基本となる事項，②貸借対照表など個々の財務諸表の記載項目の内容・内訳その他の関連情報，③1株あたり利益，④重要な後発事象が記載される。ここでは，重要な会計方針についてのみ補足説明を加えることにする。重要な会計方針には以下のものが注記として求められている。ただし，重要性の乏しいものや代替的な会計処理が認められていない場合は，注記を省略することができる（会計方針等基準4-3項〜4-5項）。
　(a) 有価証券の評価基準および評価方法
　(b) 棚卸資産の評価基準および評価方法
　(c) 固定資産の減価償却方法
　(d) 繰延資産の処理方法
　(e) 外貨建資産・負債の本邦通貨への換算基準
　(f) 引当金の計上基準
　(g) 収益・費用の計上基準
　この他，財務諸表規則ガイドライン（8の2）では，次の事項についても企業が採用した方法の開示を求めている。
　(h) ヘッジ会計の方法（繰延ヘッジ会計・時価ヘッジ会計）

（i）キャッシュ・フロー計算書における資金の範囲

2　附属明細表

　附属明細表は，貸借対照表や損益計算書の記載内容を補足するために，重要項目の期中増減や内訳明細などを記載した書類である。附属明細表は財務諸表規則での呼び方であり，会社法では附属明細書と呼ぶ。

　会社計算規則により作成が義務付けられている附属明細書は①有形固定資産および無形固定資産の明細，②引当金の明細，③販売費および一般管理費の明細，④関連当事者との取引に関して注記を省略した事項の明細である。財務諸表規則において作成が義務付けられている附属明細表は①有価証券，②有形固定資産等，③社債，④借入金等，⑤引当金，⑥資産除去債務である。

第15章

連結会計

第1節　連結財務諸表

1　連結財務諸表の意義と目的

　企業活動の多角化および国際化の進展に伴い，企業は，親会社とその支配下にある子会社により企業集団を形成し活動する場合も多い。これらの企業集団を構成する個々の会社は，法律上は別個の実体であるものの，経済的，実質的には支配従属関係をもった単一の組織体として活動することになる。したがって，個々の企業の個別財務諸表だけでは，企業集団全体の経営活動の実態を把握することは困難である。そこで，投資家の意思決定に役立つ情報として，企業集団に属する企業の個別財務諸表を合算して作成される連結財務諸表の重要性が高まってきた。

　連結財務諸表は，支配従属関係にある2つ以上の企業からなる集団（企業集団）を単一の組織体と見なして，親会社が当該企業集団の財政状態，経営成績およびキャッシュ・フローの状況を総合的に報告するために作成するものである（連結基準1項）。

2　連結の範囲

　連結財務諸表は企業集団に属する企業の個別財務諸表を合算して作成されるため，連結の範囲に含める子会社を判定しなければならない。親会社は，原則としてすべての子会社を連結の範囲に含めなければならない（同13項）。この場合，**親会社**とは，他の企業の意思決定機関を支配している企業をいい，**子会社**とは，当該他の企業をいう。親会社および子会社または子会

209

社が，他の企業の意思決定機関を支配している場合における当該他の企業も，その親会社の子会社と見なされる（同6項）。

したがって，連結基準では，子会社の判定基準として，**支配力基準**を採用していることになる。次の企業は，当該意思決定機関を支配していないことが明らかであると認められない限り，子会社に該当する（同7項）。

①他の企業の議決権の過半数を自己の計算において所有している企業

②他の企業の議決権の100分の40以上，100分の50以下を自己の計算において所有している企業で，かつ，次のいずれかの要件に該当する企業

　(a) 親会社が所有する議決権と，出資，人事，資金，技術，取引等において緊密な関係がある親会社の意思と同一の内容の議決権を行使する者および親会社の意思と同一の内容の議決権を行使することに同意している者が所有している議決権とを合わせて，他の企業の議決権の過半数を占めていること。

　(b) 親会社の役員または使用人（過去も含む）である者が，当該他の企業の取締役会等の構成員の過半数を占めていること。

　(c) 親会社の重要な財務および営業または事業の方針の決定を支配する契約等が存在すること。

　(d) 親会社が資金調達総額の過半について融資（債務の保証および担保の提供を含む）を行っていること（親会社と緊密な関係のある者が行う融資額を合わせる場合を含む）。

　(e) その他，親会社が意思決定機関を支配していることが推測される事実が存在すること。

なお，子会社のうち，次に該当するものは，非連結子会社と判断して，連結の範囲に含めない（同14項）。

①支配が一時的であると認められる企業

②①以外の企業であって，連結することにより利害関係者の判断を著しく誤らせるおそれのある企業

③その資産，売上高等を考慮して，連結の範囲から除いても企業集団の財政状態，経営成績およびキャッシュ・フローの状況に関する合理的な判

断を妨げない程度に重要性の乏しい小規模子会社（同注 3）

3　連結財務諸表の作成手続
（1）個別財務諸表基準性の原則
　連結財務諸表は，企業集団に属する親会社および子会社が一般に公正妥当と認められる企業会計の基準に準拠して作成した個別財務諸表を基礎として作成しなければならない（同 10 項）。

（2）連結決算日
　連結財務諸表の作成に関する期間は 1 年とし，親会社の会計期間に基づき，年 1 回一定の日をもって連結決算日とする（同 15 項）。子会社の決算日が連結決算日と異なる場合には，子会社は，連結決算日に正規の決算に準ずる合理的な手続により決算を行う（同 16 項）。決算期の異なる子会社がある場合は，次のように取扱う（同注 4）。
　　①子会社の決算日と連結決算日の差異が 3 か月を超えない場合には，子会社の正規の決算を基礎として連結決算を行うことができる。
　　②ただし，この場合には，子会社の決算日と連結決算日が異なることから生じる連結会社間の取引に係る会計記録の重要な不一致について，必要な整理を行うものとする。

（3）親子会社間の会計処理方法の統一
　同一環境下で行われた同一の性質の取引等について，親会社および子会社が採用する会計方針は，原則として統一する（同 17 項）。

第 2 節　連結貸借対照表の作成

　連結貸借対照表は，親会社および子会社の個別貸借対照表における資産，負債および純資産の金額を基礎とし，子会社の資産および負債の評価，連結会社相互間の投資と資本および債権と債務の相殺消去等の処理を行って作成

する（同 18 項）。

1　子会社の資産・負債の時価評価

　連結貸借対照表の作成では，子会社の資産および負債のすべては，支配獲
得日の時価により評価する方法である**全面時価評価法**により評価される（同
20 項）。子会社の資産および負債の時価による評価額と当該資産および負債
の個別貸借対照表上の金額との差額は**評価差額**として，子会社の資本とされ
る（同 21 項）。なお，評価差額に重要性が乏しい子会社の資産および負債
は，個別貸借対照表上の金額によることができる（同 22 項）。

設例 1

　P 社が S 社の株式（発行済株式総数 2,000 株）1,000 株を取得した。取得時点
における S 社の資産は 450,000 円（時価 500,000 円），負債 280,000 円，資本金
100,000 円，利益剰余金 20,000 円である。全面時価評価法による子会社資産評
価替えの仕訳を示しなさい。なお，税効果は考慮しないものとする。

解答

　　　（借）資　　　　　　産　　 50,000　（貸）評　価　差　額　　　 50,000

解説

評価差額：500,000 円－450,000 円＝50,000 円

2　投資と資本の相殺消去

　親会社の子会社に対する投資とこれに対応する子会社の資本は，相殺消去す
る。この場合，親会社の子会社に対する投資の金額は，支配獲得日の時価によ
るものとする。また，子会社の資本は，子会社の個別貸借対照表上の純資産の
部における株主資本および評価・換算差額等と評価差額からなる（同 23 項）。
　相殺消去にあたり，差額が生じる場合には，当該差額を**のれん**（または**負**

ののれん）とする（同 24 項）。のれんは，20 年以内のその効果の及ぶ期間に
わたって，定額法その他の合理的な方法により規則的に償却する。ただし，
のれんの金額に重要性が乏しい場合には，当該ののれんが生じた事業年度の費
用として処理することができる（企業結合基準 32 項）。のれんの当期償却額
は販売費及び一般管理費の区分に表示する（同 7 項）。一方，負ののれんは，
原則として，特別利益に表示する（同 33 項，48 項）。

　子会社の資本のうち親会社に帰属しない部分は，**非支配株主持分**とする。
支配獲得日の子会社の資本は，親会社に帰属する部分と非支配株主に帰属す
る部分とに分け，前者は親会社の投資と相殺消去し，後者は非支配株主持分
として処理する（連結基準 26 項，注 7）。

設例 2

　P 社は S 社の株式の 60％を 20,000 円で取得した。S 社の資本金と利益剰余金
は，20,000 円と 6,000 円である。なお，資産のうち，土地の時価は帳簿価額よ
りも 4,000 円増加している。全面時価評価法による連結消去仕訳を示しなさい。

解答

① 　S 社資産の評価替仕訳

　　（借）土　　　　　　　地　　　4,000　（貸）評　価　差　額　　　4,000

② 　連結消去仕訳

　　（借）資　　　本　　　金　　20,000　（貸）S　社　株　式　　20,000
　　　　　評　価　差　額　　　4,000　　　　非支配株主持分　　12,000
　　　　　利　益　剰　余　金　　6,000
　　　　　の　　れ　　ん　　　2,000

解説

② 　連結消去仕訳
　　　非支配株主持分＝（資本金 20,000 円＋評価差額 4,000 円＋利益剰余金 6,000 円）
　　　　　　　　　　　×0.4＝12,000 円

全部時価評価法では，非支配株主に帰属する部分も時価評価を行う。そのため，評価差額も非支配株主持分に含める。

のれん＝S社株式 20,000 円 −（資本金 20,000 円 ＋ 評価差額 4,000 円 ＋ 利益剰余金 6,000 円）× 0.6 ＝ 2,000 円

設例 3

次の処理の仕訳を示しなさい。のれん 2,000 円を 20 年の定額法で均等償却する。

解答

（借）の れ ん 償 却　　　　100　（貸）の　　　れ　　　ん　　　　100

3 債権・債務の相殺消去

連結会社相互間の債権と債務とは，相殺消去しなければならない（同 31 項）。相殺消去については，次のことに注意が必要である（同注 10）。

①相殺消去の対象となる債権または債務には，前払費用，未収収益，前受収益および未払費用を含む。

②連結会社が振り出した手形を他の連結会社が銀行割引した場合には，連結貸借対照表上，借入金に振り替える。

③引当金のうち，連結会社を対象として引き当てられたことが明らかなものは，調整する。

④連結会社が発行した社債で一時所有のものは，相殺消去の対象としないことができる。

設例 4

次の債権，債務の相殺消去の仕訳を示しなさい。なお，税効果は考慮しないものとする。

①　P 社には S 社に対する 60,000 円の受取手形がある。他に S 社から受け取っ

た手形のうち，20,000 円は銀行で割り引いている。

② P 社には S 社に対する 80,000 円の売掛金がある。

③ 上記①と②の受取手形と売掛金に対する貸倒引当金の調整を行う。貸倒設定率は 2 % である。

解答

①	（借）	支 払 手 形	20,000	（貸）	借 入 金	20,000
		支 払 手 形	60,000		受 取 手 形	60,000
②	（借）	買 掛 金	80,000	（貸）	売 掛 金	80,000
③	（借）	貸 倒 引 当 金	2,800	（貸）	貸倒引当金繰入	2,800

解説

③ （売掛金 80,000 円 + 受取手形 60,000 円）× 2 % = 2,800 円

第 3 節　連結損益計算書の作成

連結損益計算書は，親会社および子会社の個別損益計算書等における収益，費用等の金額を基礎とし，連結会社相互間の取引高の相殺消去および未実現損益の消去等の処理を行って作成する（同 34 項）。

1　連結会社相互間の取引高の相殺消去

連結損益計算書の作成では，連結会社相互間における商品の売買その他の取引は，企業集団としては内部取引であるため，相殺消去しなければならない（連結基準 35 項）。会社相互間取引が連結会社以外の企業を通じて行われている場合であっても，その取引が実質的に連結会社間の取引であることが明確であるときは，この取引を連結会社間の取引と見なして処理する（同注 12）。

連結会社相互間の取引として，売上高と売上原価，受取家賃と支払家賃，受取利息と支払利息，受取配当金と利益剰余金などが挙げられる。

（借）売		上	高	×××	（貸）売	上	原	価	×××
（借）受	取	家	賃	×××	（貸）支	払	家	賃	×××
（借）受	取	利	息	×××	（貸）支	払	利	息	×××
（借）受	取	配	当 金	×××	（貸）利	益	剰	余 金	×××

2 未実現損益の消去

　連結会社相互間の取引によって取得した棚卸資産，固定資産その他の資産に含まれる**未実現損益**は，その全額を消去する。ただし，未実現損失については，売手側の帳簿価額のうち回収不能と認められる部分は，消去しない（同36項）。また，未実現損益の金額に重要性が乏しい場合には，これを消去しないことができる（同37項）。

　売手側の子会社に非支配株主が存在する場合には，未実現損益は，親会社と非支配株主の持分比率に応じて，親会社の持分と非支配株主持分に配分する（同38項）。

　商品を例にすると，未実現利益は，連結会社内で商品を売買し，期末に当該商品が残っている場合に発生する。未実現利益の消去方法は，親会社から子会社への販売（**ダウンストリーム**）と，子会社から親会社への販売（**アップストリーム**）によって異なっている。ダウンストリームでは，親会社の未実現利益を消去するため非支配株主は関係しない。これに対して，アップストリームでは，子会社の未実現利益を消去するため，完全支配関係でない場合には，非支配株主が関係する。つまり，消去した未実現利益の一部を非支配株主に負担させる必要がある。

　設例5　ダウンストリーム

　　親会社P社（S社株式の70％を所有）は，子会社であるS社へ，4,500円（利益率20％）の商品を売り上げた。S社では，P社から仕入れた商品のうち，800円が期末に残っている。連結財務諸表を作成するために必要な連結修正仕訳を示しなさい。なお，税効果は考慮しないものとする。

解答

① 商品売買高の消去

(借) 売　　上　　高 4,500 (貸) 売　上　原　価 4,500

② 未実現利益の消去

(借) 売　上　原　価 160 (貸) 商　　　　品 160

解説

② 未実現利益：800円×0.2＝160円

設例6 アップストリーム

　子会社S社は，親会社P社（S社株式の60％を所有）へ，5,000円（利益率30％）の商品を売り上げた。P社では，S社から仕入れた商品のうち，1,000円が期末に残っている。連結財務諸表を作成するために必要な連結修正仕訳を示しなさい。なお，税効果は考慮しないものとする。

解答

① 商品売買高の消去

(借) 売　　上　　高 5,000 (貸) 売　上　原　価 5,000

② 未実現利益の消去

(借) 売　上　原　価 300 (貸) 商　　　　品 300

(借) 非支配株主持分当期変動額 120 (貸) 非支配株主に帰属する当期純利益 120

解説

② 未実現利益：1,000円×0.3＝300円

　　非支配株主の修正：300円×0.4（非支配株主持分割合）＝120円

3　包括利益の表示

(1) 包括利益の定義

　連結財務諸表においては，平成23年3月31日以降終了する年度から包括

利益およびその他の包括利益を表示することが義務付けられた。包括利益とは、ある企業の特定期間の財務諸表において認識された純資産の変動額のうち、当該企業の純資産に対する持分所有者との直接的な取引によらない部分をいう（包括利益基準4項）。その他の包括利益とは、包括利益のうち当期純利益に含まれない部分をいう（同5項）。その他の包括利益は、その他有価証券評価差額金、繰延ヘッジ損益、為替換算調整勘定、退職給付に係る調整額等に区分して表示される（同7項）。

(2) 当期純利益と包括利益の関係

包括利益の表示の導入は、包括利益を企業活動に関する最も重要な指標として位置付けることを意味するものではなく、当期純利益に関する情報と合わせて利用することにより、企業活動の成果についての情報の全体的な有用性を高めることを目的とするものである。また、包括利益会計基準は、市場関係者から広く認められている当期純利益に関する情報の有用性を前提としており、包括利益の表示によってその重要性を低めることを意図するものではない（同22項）。

(3) 包括利益開示の目的

包括利益表示の目的として、次の3点が挙げられる（同21項）。
①投資家等の財務諸表利用者が企業全体の事業活動について検討するのに役立つ。
②貸借対照表との連携（純資産と包括利益とのクリーン・サープラス関係）を明示することを通じて、財務諸表の理解可能性と比較可能性を高める。
③国際的な会計基準とのコンバージェンスにも資するものと考えられる。

(4) 包括利益を表示する計算書

包括利益を表示する計算書には、当期純利益を表示する損益計算書と、包括利益を表示する包括利益計算書からなる形式（2計算書方式）と、当期純

利益の表示と包括利益の表示を 1 つの計算書で行う形式（1 計算書方式）がある（同 11 項）。**図表 15-1** および**図表 15-2** は，「包括利益の表示に関する会計基準」における両方式の表示例である。

図表 15-1　2 計算書方式による連結損益計算書および連結包括利益計算書

〈連結損益計算書〉

売上高	10,000
……	
税金等調整前当期純利益	2,200
法人税等	900
当期純利益	1,300
非支配株主に帰属する当期純利益	300
親会社株主に帰属する当期純利益	1,000

〈連結包括利益計算書〉

当期純利益	1,300
その他の包括利益：	
その他有価証券評価差額金	530
繰延ヘッジ損益	300
為替換算調整勘定	△ 180
持分法適用会社に対する	
持分法相当額	50
その他包括利益合計	700
包括利益	2,000
（内訳）	
親会社株主に係る包括利益	1,600
非支配株主に係る包括利益	400

図表 15-2　1 計算書方式による連結損益計算書

〈連結損益計算書〉

売上高	10,000
……	
税金等調整前当期純利益	2,200
法人税等	900
当期純利益	1,300
（内訳）	
親会社株主に帰属する当期純利益	1,000
非支配株主に帰属する当期純利益	300
その他の包括利益：	
その他有価証券評価差額金	530
繰延ヘッジ損益	300
為替換算調整勘定	△ 180
持分法適用会社に対する	
持分法相当額	50
その他包括利益合計	700
包括利益	2,000
（内訳）	
親会社株主に係る包括利益	1,600
非支配株主に係る包括利益	400

第4節　連結株主資本等変動計算書の作成

1　個別株主資本等変動計算書との相違点

　連結株主資本等変動計算書および個別株主資本等変動計算書は，貸借対照表の純資産の部の一会計期間における変動額のうち，主として，株主に帰属する部分である株主資本の各項目の変動事由を報告するために作成するものである（変動計算書基準1項）。

　連結株主資本等変動計算書では，個別株主資本等変動計算書の「当期純利益」が「親会社株主に帰属する当期純利益」と表示されるとともに，両計算書では，記載項目に次のような相違点がある。

　個別株主資本等変動計算書では，株主資本において資本金，資本準備金，その他資本剰余金，利益準備金，各種積立金，繰越利益剰余金，自己株式など，詳細な内訳科目まで記載する。これに対して，連結株主資本等変動計算書では，株主資本において資本金，資本剰余金，利益剰余金，自己株式など，大まかな区分で記載される。

　一方，株主資本以外の記載項目は，個別株主資本等変動計算書よりも連結株主資本等変動計算書の方が，記載項目が多くなっている。個別株主資本等変動計算書では，その他有価証券評価差額金，繰延ヘッジ損益，土地再評価差額金，新株予約権が記載される。これに対して，連結株主資本等変動計算書では，上記の4項目に加えて為替換算調整勘定，退職給付に係る累計調整額，少数株主持分が記載される。

　個別財務諸表を連結財務諸表に組み替えるにあたり，連結財務諸表特有の会計処理が純資産の部に及ぼす影響が考慮されていると考えられる。

2　子会社が支払った配当金の取扱い

　上記の記載項目に加え，連結固有の会計処理として，子会社が支払った配当金の取扱いが挙げられる。子会社が親会社に配当を支払った場合には，子会社の株主資本等変動計算書では剰余金の配当の欄に金額が記載され，親会

社の個別財務諸表では受取配当金に計上されている。企業集団を1つの組織としてみた場合，子会社からの配当は単なる集団内における資金の移動にしか過ぎない。したがって，子会社の配当金と親会社の受取配当金を相殺消去する。子会社に非支配株主がいる場合には，非支配株主に対しても配当金が支払われている。この支払いは企業集団外部に対する現金の流出にあたり，その分だけ子会社の利益剰余金が減少しているので，持分比率に応じて非支配株主持分を減少させる必要がある。これらの処理については，剰余金の配当勘定（連結株主資本等変動計算書の科目）を用いる。

設例7

子会社S社が支払った配当金は2,000円で，そのうち，親会社P社（S社株式の60%を所有）に支払った配当金は1,200円であった。剰余金の配当に関する連結修正仕訳を示しなさい。

解答

（借）受 取 配 当 金　　　　1,200　（貸）剰 余 金 の 配 当　　　　2,000
　　　非支配株主持分当期変動額　　　800

解説

個別上，P社・S社が行っていた仕訳は，以下のとおりである。
P社：
　　　（借）現 金 預 金　　　　1,200　（貸）受 取 配 当 金　　　　1,200
S社：
　　　（借）繰 越 利 益 剰 余 金　　　2,000　（貸）現 金 預 金　　　　2,000
したがって，単純な修正仕訳は，
　　　（借）受 取 配 当 金　　　　1,200　（貸）繰 越 利 益 剰 余 金　　2,000
　　　　非支配株主持分当期変動額　　　800

であるが，連結株主資本等変動計算書の「剰余金の配当」の金額を修正するため，解答に示した仕訳となる。また，借方の「非支配株主持分当期変動額」は，

配当金の支払いによって S 社の純資産が減少するため，その減少分の 40％を非支配株主に負担させるためのものである。

第 5 節　連結キャッシュ・フロー計算書の作成

1　連結キャッシュ・フロー計算書の作成方法

連結キャッシュ・フロー計算書の作成方法には，原則法と簡便法がある。原則法は，各連結会社の個別キャッシュ・フロー計算書を作成して合算し，連結会社相互間のキャッシュ・フローを相殺消去して作成する方法である。これに対して，簡便法は，連結損益計算書ならびに連結貸借対照表の期首残高と期末残高の分析およびその他の情報に基づいて作成する方法である（連結 CF 実務指針 47 項）。いずれの方法で作成したとしても，連結キャッシュ・フロー計算書の結果は一致する。

2　個別キャッシュ・フロー計算書との相違点

（1）連結範囲の変動に伴うキャッシュ・フロー

連結範囲の変動を伴う子会社株式の取得または売却に係るキャッシュ・フローは，「投資活動によるキャッシュ・フロー」の区分に独立の項目として記載する。この場合，新たに連結子会社となった会社の現金および現金同等物の額は株式の取得による支出額から控除し，連結子会社でなくなった会社の現金及び現金同等物の額は株式の売却による収入額から控除して記載するものとする（連結 CF 基準第二，二，4）。

（2）連結会社相互間のキャッシュ・フロー

連結キャッシュ・フロー計算書の作成にあたっては，連結会社相互間のキャッシュ・フローは相殺消去しなければならない（同第二，三）。

なお，連結会社相互間において，現金および現金同等物の未達取引がある場合，これを調整した上で連結会社相互間のキャッシュ・フローを相殺消去しなければならない（連結 CF 実務指針 19 項）。

（3）在外子会社のキャッシュ・フロー

　在外子会社における外貨によるキャッシュ・フローは，「外貨建取引等会計処理基準」における収益および費用の換算方法に準じて換算する（連結CF基準第二，四）。

（4）非支配株主との取引等

　非支配株主に対する配当金の支払額および非支配株主の増資引受による払込額は，「財務活動によるキャッシュ・フロー」の区分にそれぞれ独立掲記する（連結CF実務指針22項）。

（5）持分法適用会社からの受取配当金

　持分法適用会社からの配当金の受取額は，利息および配当金に係るキャッシュ・フローの表示区分について選択した方法に従い，原則として，「営業活動によるキャッシュ・フロー」の区分または「投資活動によるキャッシュ・フロー」の区分のいずれかに記載する（同23項）。

3　連結キャッシュ・フロー計算書の記載例

　図表15-3は，「連結財務諸表等におけるキャッシュ・フロー計算書の作成に関する実務指針」における連結キャッシュ・フロー計算書の記載例（一部抜粋，一部修正）である。

図表 15−3　連結キャッシュ・フロー計算書

Ⅰ　営業活動によるキャッシュ・フロー	
………	
営業活動によるキャッシュ・フロー	2,117
Ⅱ　投資活動によるキャッシュ・フロー	
定期預金の預入による支出	△200
定期預金の払戻による収入	200
有価証券の取得による支出	△760
有形固定資産の取得による支出	△1,445
連結の範囲の変更を伴う子会社株式の取得による支出	△565
投資活動によるキャッシュ・フロー	△2,770
Ⅲ　財務活動によるキャッシュ・フロー	
短期借入金の純増加額	16
リース債務の返済による支出	△90
長期借入れによる収入	625
長期借入金の返済による支出	△180
社債の発行による収入	750
株式の発行による収入	250
非支配株主への株式の発行による収入	20
連結の範囲の変更を伴わない子会社株式の取得による支出	△70
配当金の支払額	△1,200
財務活動によるキャッシュ・フロー	121
Ⅳ　現金及び現金同等物に係る換算差額	36
Ⅴ　現金及び現金同等物の減少額	△496
Ⅵ　現金及び現金同等物の期首残高	1,462
Ⅶ　現金及び現金同等物の期末残高	966

第6節　持分法

1　持分法の意義

　非連結子会社および関連会社に対する投資については，原則として持分法を適用しなければならない（持分基準6項）。**持分法**とは，投資会社が被投資会社の資本および損益のうち投資会社に帰属する部分の変動に応じて，その投資の額を連結決算日ごとに修正する方法をいう（同6項）。

2　持分法の適用範囲

(1)　非連結子会社

　非連結子会社とは，支配が一時的であると認められる子会社や，連結の範囲に含めることにより利害関係人の判断を著しく誤らせるおそれがあると認められる子会社をいう（連結財規5条1項）。

(2)　関連会社

　関連会社とは，会社（子会社を含む）が，出資，人事，資金，技術，取引等の関係を通じて，子会社以外の他の会社の財務および営業または事業の方針決定に対して重要な影響を与えることができる場合における当該他の会社をいう（持分法基準5項）。

　次の場合には，子会社以外の他の会社の財務および営業または事業の方針決定に重要な影響を与えることができないことが明らかに示されない限り，当該他の会社は関連会社に該当するものとする（同5-2項）。

　　①子会社以外の他の会社の議決権の100分の20以上を実質的に所有している場合

　　②他の会社に対する議決権の所有割合が100分の20未満であっても，一定の議決権を有しており，かつ，当該会社の財務および営業または事業の方針決定に対して重要な影響を与えることができる一定の事実が認められる場合

②の「重要な影響を与えることができる一定の事実」とは，例えば，他の会社の財務および営業または事業の方針決定に重要な影響を与える契約が存在する場合等をいう。

なお，更生会社，整理会社，破産会社等であって，かつ，当該会社の財務および営業または事業の方針決定に対して重要な影響を与えることができないと認められる会社は，関連会社に該当しないものとする（同5項）。

3　持分法の会計処理

(1) 投資勘定と資本勘定の相殺消去

投資会社の投資日における投資とこれに対応する被投資会社の資本との間に差額がある場合には，当該差額は投資に含め，のれんまたは負ののれんとして処理する（同11項）。

持分法では，投資差額は計算するが，財務諸表の合算ではないため，相殺消去の仕訳は行わない。

(2) 投資損益の認識

投資会社は，投資の日以降における被投資会社の利益または損失のうち投資会社の持分または負担に見合う額を算定して，投資の額を増額または減額し，当該増減額を当期純利益の計算に含める。のれんまたは負ののれんの償却額は，当該増減額に含める（同12項）。

① 当期純利益の計上

（借）関 連 会 社 株 式　×××　（貸）持分法による投資損益　×××

② 投資差額の償却

(a) のれんの償却

（借）持分法による投資損益　×××　（貸）関 連 会 社 株 式　×××

(b) 負ののれんの償却

（借）関 連 会 社 株 式　×××　（貸）持分法による投資損益　×××

③ 未実現損益の消去

連結会社と持分法適用会社との間に未実現損益が生じている場合には，未

実現損益を消去する（同 13 項）。

  （a）　アップストリーム

   （借）売　　　上　　　高　×××　　（貸）関 連 会 社 株 式　×××

  （b）　ダウンストリーム

   （借）持分法による投資損益　×××　　（貸）商　　　　　品　×××

④　配当金の控除

　持分法適用会社から配当金を受け取った場合には，当該配当金額を投資から減額する（同 14 項）。

   （借）受 取 配 当 金　×××　　　（貸）関 連 会 社 株 式　×××

設例 8

　次の場合の持分法による仕訳を示しなさい。なお，税効果は考慮しないものとする。

①　×1 年に P 社は，A 社の株式 30％を 10,000 円で取得した。

②　×1 年度末の A 社の純資産は 25,000 円である。なお，投資差額の償却期間は 20 年とし，毎期均等額を償却した。

③　×1 年度末に，A 社は純利益 5,000 円を計上した。

④　×2 年度中に，A 社は P 社に対し，600 円を配当した。

⑤　×2 年度末の P 社の期末棚卸資産には，A 社から仕入れた分 500 円が含まれている。A 社の利益率は，30％である。

解答

①　A 社株式の取得

   （借）A 　社 　株 　式　　10,000　（貸）現 　金 　預 　金　　10,000

②　投資差額の償却

   （借）持分法による投資損益　　125　（貸）A 　社 　株 　式　　125

③　当期純利益の計上

   （借）A 　社 　株 　式　　1,500　（貸）持分法による投資損益　1,500

④　配当金の控除

   （借）受 取 配 当 金　　600　（貸）A 　社 　株 　式　　600

⑤　未実現損益の消去

（借）持分法による投資損益　　　45　（貸）商　　　　　品　　　　45

|解説|

②　$\dfrac{10{,}000\,円-(25{,}000\,円\times 0.3)}{20\,年}=125\,円$

③　$5{,}000\,円\times 0.3=1{,}500\,円$

⑤　$500\,円\times 0.3（利益率）\times 0.3（持分比率）=45\,円$

第7節　セグメント情報

1　セグメント情報の意義と開示目的

　セグメント情報とは，事業の種類別，所在地別に，売上や利益（または損失），その他の財務情報を区別した情報である。多角化，海外展開している企業が，セグメント情報を開示することにより，財務諸表利用者に対して，企業が行うさまざまな事業活動の内容およびこれを行う経営環境に関して適切な情報を提供することができる。

2　セグメント情報の開示

(1) 事業セグメントの識別

　収益・費用を生じる事業活動から，企業内部の経営管理の目的で区分し，他と分離された情報を集計している部門を事業セグメントとして識別する（セグメント基準6項）。

(2) 報告セグメントの決定

　識別された事業セグメントまたは集約された事業セグメントの中から，量的基準に従って，報告すべきセグメントを決定する（同10項）。

(3) セグメント情報の開示項目

　企業は，セグメント情報として，次の事項を開示しなければならない（同17項）。

　①報告セグメントの概要（報告セグメントの決定方法および各報告セグメントに属する製品およびサービスの種類）

　②報告セグメントの利益（または損失），資産，負債およびその他の重要な項目の額，その測定方法に関する事項

　③開示する項目の合計額とこれに対応する財務諸表計上額との間の差異調整に関する事項

3　セグメント情報の開示例

　図表15-4は「セグメント情報等の開示に関する会計基準の適用指針」におけるセグメント情報の開示例である。

図表15-4　報告セグメントの利益（または損失），資産および負債等に関する情報

	自動車部品	船舶	ソフトウェア	電子	その他	調整額	連結財務諸表計上額
売上高							
外部顧客への売上高	3,000	5,000	9,500	12,000	1,000	—	30,500
セグメント間の内部売上高又は振替高	—	—	3,000	1,500	—	△4,500	—
計	3,000	5,000	12,500	13,500	1,000	△4,500	30,500
セグメント利益	200	70	900	2,300	100	△2,050	1,520
セグメント資産	2,000	5,000	3,000	12,000	2,000	500	24,500
セグメント負債	1,050	3,000	1,800	8,000	—	5,000	18,850
その他の項目							
減価償却費	200	100	50	1,000	50	50	1,450
有形固定資産及び無形固定資産の増加額	300	700	500	800	—	1,000	3,300

索　引

【執筆者紹介】 (編者・執筆順)

浦崎　直浩 (うらさき・なおひろ)　〔編者，第2章，第11章〕
　神戸大学大学院経営学研究科博士課程後期課程単位取得退学
　　現在：近畿大学経営学部教授，博士（経営学）神戸大学

多賀　寿史 (たが・ひさし)　〔編者，第4章，第6章，第11章〕
　立命館大学大学院経営学研究科博士後期課程修了
　　現在：琉球大学国際地域創造学部准教授，博士（経営学）立命館大学

清村　英之 (きよむら・ひでゆき)　〔編者，第7章，第8章〕
　成蹊大学大学院経営学研究科博士後期課程単位取得満期退学
　　現在：沖縄国際大学産業情報学部教授

鵜池　幸雄 (ういけ・ゆきお)　〔編者，第9章，第13章〕
　大阪市立大学大学院経営学研究科後期博士課程単位取得満期退学
　　現在：沖縄国際大学産業情報学部教授

仲尾次洋子 (なかおじ・ようこ)　〔第1章，第15章〕
　近畿大学大学院商学研究科博士後期課程修了
　　現在：名桜大学国際学群教授，博士（商学）近畿大学

徳山　英邦 (とくやま・ひでくに)　〔第3章〕
　明治大学大学院商学研究科博士後期課程単位取得満期退学
　　現在：帝京大学経済学部教授

朱　　愷雯 (しゅ・がいぶん)　〔第5章，第10章〕
　近畿大学大学院商学研究科博士後期課程修了
　　現在：沖縄大学経法商学部准教授，博士（商学）近畿大学

大城　隼人 (おおしろ・はやと)　〔第12章〕
　名古屋経済大学大学院法学研究科博士後期課程修了
　　現在：青山学院大学大学院会計プロフェッション研究科特任准教授，税理士
　　　　博士（法学）名古屋経済大学

2023年 3 月15日　　初版発行
2024年 3 月30日　　初版 2 刷発行　　　　　　　　　　　略称：財務テキスト

財務会計テキスト
―簿記会計的アプローチ―

		浦	崎	直	浩
編著者 ©		清	村	英	之
		鵜	池	幸	雄
		多	賀	寿	史
発行者		中	島	豊	彦

発行所　　同 文 舘 出 版 株 式 会 社
東京都千代田区神田神保町1-41　　　　　〒101-0051
電話　営業(03)3294-1801　　　　　　編集(03)3294-1803
振替 00100-8-42935　　　　　　https://www.dobunkan.co.jp

Printed in Japan 2023　　　　　　　　印刷・製本：萩原印刷
　　　　　　　　　　　　　　　　　　製版：萩原印刷
　　　　　　　　　　　　　　　　　　装丁：オセロ

ISBN 978-4-495-21045-8